親と子の成長発達を促す
「CRC親子プログラム ふぁり」の実践

虐待する親への支援と家族再統合

宮口智恵／河合克子

明石書店

はじめに

「Aは元気に幼稚園に通っています。日に焼けて真っ黒です。親子で毎日元気に過ごしています。今度の会には行けないけど、冬にはまた会いたいです」

「仕事を始めました。〇日の会に行きます！ 楽しみにしています」

「スタッフのみんなに会うと元気をもらいます。参加します！」

年に２回、夏と冬には、これまでにCRC親子プログラムを修了した人が集う「ほっと・いっぷくの会」を開いています。上に紹介したのは、この会に参加か不参加かを知らせるハガキに書かれた親御さんからのメッセージです。

会の当日、お茶やお菓子、軽食を用意して、私たちスタッフは"待ち人"となり、親や子どもを迎えます。親だけの参加もあれば、親子で足を運んで来ることもあります。また、朝から夕方までずっといる人、仕事帰りに少しのぞく人と、参加の仕方もそれぞれです。

そこでは、一緒におやつを食べたり、近況を話したり、子どもが遊んでいるのを共に見たり、絵本を読んだり、肩をもんでもらったり……。何か特別なことをするのではなく、ただ、一緒に居ます。

この夏も、プログラムに参加している頃には弱々しく小さかった子どもが、元気いっぱいに成長し、生き生きと遊ぶ姿を見ることができました。また、最近の面会で出かけ

たところをうれしそうに教えてくれる人、一緒に暮らすようになった子どもとの生活の大変さを語ってくれる人もいました。

「施設にいる子ども、あるいは施設にいた子どものことは誰にも話せない」と、何人かの親が口にします。自分のこと、子どものことを誰かに語りたい、知ってほしいという思いが伝わってきます。

プログラム修了者全員と比べると、当日の参加者は多くはありません。しかし、さまざまな形で、案内への反応があります。ある親からは、何年かぶりで電話がかかってきました。

「ほっと・いっぷくの案内もらったけど……。実は、その、子どもと今、うまくいってないねん。せっかくの面会の時に感情的になってしまって、子どもに嫌がられてしまった」と途切れ途切れに話します。そして、プログラム当時を「あの時はよかったのに……」とつぶやきます。

プログラムを受けて、それで問題がすべて解決したわけでなく、親子はその後もそれぞれ格闘しながら、日々生きていることは間違いありません。やはり、寂しい日があり、失敗があり、落ち込んで、動けなくなっている時もあるのだと、目に浮かびます。

とにかく、つながっていることで、子どもと、スタッフと、「共に」○○をした、そこに居たこと、瞬間があったことを思い出してほしい。離れていても応援していることを親に伝え続けたいと願っています。

そのために、親が子どものことを誰かと語れる場所を、子どもを連れて来たいと思う場所を作り続けたいと強く

思っています。親たちの言葉を聞いて、「親子の行く道（成長）を見守り続けたい」と願う私たちが目指すのは、親子にとっての灯台（ふぁり）だと確信しました。

　この本で紹介するCRC親子プログラム「ふぁり」は、親子関係再構築プログラムです。CRCとはチャイルド・リソース・センター（Child Resource Center）の略です。子どもの持つ力や可能性＝チャイルド・リソースを、子ども自身や家族、子どもと関わる大人と共に発掘していきたいという願いを込めた名称です。CRCは平成19年から大阪府等の児童相談所の委託を受けて、家族再統合を目指し、CRC親子プログラムを提供しています。

　このプログラムでは、子どもとの関わりを通して、親が子どもにとってよりよい親子関係とは何かを考えるよう働きかけます。親子関係の在り方は一組ごとに異なります。ですから、必ずしもすべての親子が一緒に暮らすことをゴールにはしていません。子どもが自分を肯定して生きられるように、親が子どもにとって安心な存在としていられるためには何が必要か、ということを親と共に考えます。

　プログラムを始めて8年が経ちました。私たちの団体自身も親子と共にゆっくりと歩んでいます。この春、スタッフ全員で話し合い、愛称を「ふぁり」と名づけました。親には、次ページのように、プログラムと愛称を説明しています。

「ふぁり」はラテン語で「灯台」の意味です。
「灯台（ふぁり）」は暗闇で遠くまで光を放ちその存在を示します。船は真っ暗な海、荒れた海でもその光で自分の存在を確認します。親が「灯台（ふぁり）」になって、船である子どもの存在を見守り、いざという時には戻ってこれるよう光をともし、立っていられたら子どもは安心して航海にも出かけられます。
CRC親子プログラム「ふぁり」は、
子どもの育ち（航海）を助ける親を、応援するプログラムです。
そして、私たちもまた、お父さんお母さんの子育て（航海）を
応援する「ふぁり」になりたいと願っています。

イラスト：大内道子

　ここでの小さな実践を伝えることは、困難を抱える親と子の今を伝えることになると考えています。この本を手にとってくださった皆様に親子の声が届くことを願います。

2015年10月
　　　　　（特）チャイルド・リソース・センター
　　　　　　　　　　　宮口智恵
　　　　　　　　　　　河合克子

＊文中に出てくる保護者や施設職員、児童福祉司の言葉や様子は、個人が特定できないよう変更を加えています

はじめに ……………………………………………………………………… 3

第1章　なぜ、家族再統合への支援が必要か

1. なぜ、親子関係再構築への支援を始めたか ……………………… 12
1　子育ては、ひとりではできない ……………………………………… 12
①困難を抱える親の子育て　12
②親の困難な状況とは　13
2　誰が支援するのか …………………………………………………… 17
①児童相談所での支援の限界　17
②カナダでの民間団体の支援　18

2. 親子の立場に立った支援を目指して ……………………………… 21
①子どもの立場から支援を考える　21
②親の立場から支援を考える　22

第2章　CRC親子プログラムのあらまし

1　プログラムのアウトライン ……………………………………………… 26
2　参加する親子について ………………………………………………… 26
3　毎回のプログラムの流れ ……………………………………………… 28
4　プログラムを開始する時 ……………………………………………… 30
5　親時間について ………………………………………………………… 31
6　親時間でスタッフが行うこと …………………………………………… 36
7　子ども時間でスタッフが行うこと ……………………………………… 39
8　親子交流時間でスタッフが行うこと …………………………………… 40
9　プログラムが終わる時 ………………………………………………… 43
10　プログラムのフォローアップ …………………………………………… 44

第3章　CRC親子プログラムにおけるアプローチ

1. 支援の道標を持つ …… 46

2. アタッチメント理論に基づく視点 …… 49
1　アタッチメントの視点で親を理解し、支える …… 51
① 親の不安や恐れを理解する　52
② 親の安心の基地を探る　55
③ 親に寄り添う　57
2　親が子どものアタッチメントを理解するために、働きかける …… 60
① 親の役割を伝える　61
② 子どもの観察を示す　68
③ 養育への内省を促す　76
3　支援者間で親子への理解を共有し、継続的に支える …… 81
理解を共有し、連続性のある支援を目指す　82

3. バイオグラフィーワークに基づく視点 …… 88
1　親子の今（ここ）を尊重する …… 93
① 目の前の「生」を尊重する　94
② 親子の体験を共有する　96
③ 成長発達の視点で今をみる　98
2　過去のリソースを発掘する …… 102
① リソース（力や可能性）を探す　103
② 自分の子ども時代からの学び　106
3　未来への希望を共に持つ …… 110
子どもの未来、自分の未来　111

4. 家族支援のソーシャルワーク …… 113
① 本人のいるところに近づく　117

②本人を問題解決の主体とみる　120
本人と関わる環境に働きかける　122

5. 支援する自分をみつめる　125
①難しい親、難しい子ども、難しい他の支援者、そして自分　125
②自分を見つめる　126
③自分の外を見る　130
④安心の基地を持つ　131

第4章　プログラムを終えて

①プログラムの効果　134
②終了時のアンケートから　136

参考文献・参考資料　139

おわりに　141

カバー・本文イラスト　大内道子

第1章
なぜ、家族再統合への支援が必要か

1 なぜ、親子関係再構築への支援を始めたか

1. 子育ては、ひとりではできない

① 困難を抱える親の子育て

　十数年前、私は児童相談所の児童福祉司でした。育児休暇を終えて仕事に復帰した頃、ちょうど児童虐待の防止等に関する法律（児童虐待防止法）が施行されました。虐待の通告が増え、保育所や学校から子どもを保護するという緊張した日々が続きます。私自身も親族や保育所の支えを得て、毎日の生活を乗り切っていました。

　そんな時、通告を受けて出会った20歳過ぎのAさん。彼女は昼も夜もアルバイトをしながら一人でBちゃんを育てていました。高校中退後、実家を出て、自身の親との関係も途絶え、Bちゃんの父親は行先不明で、連絡はとれません。親しい友人もおらず、経済的にもギリギリで、自分の食事もままならない状態でした。家に帰って、Bちゃんが泣くと、イライラして叩いたり、Bちゃんを一人家に置いて外出することが増えていきました。

　通告を受けた時、Bちゃんはとても痩せていて栄養状態が悪いと考えられ、Aさんの同意を得ずに保護しました。AさんはBちゃんを返してほしいと泣いて訴えました。Aさんにとって、Bちゃんはいわば唯一の肉親であり、B

ちゃんを奪われることは耐え難いことです。しかし、Bちゃんは安全に安心して生きていかねばなりません。今の状態では、Aさんはこの小さな命を守っていくことができないのです。

　子育て中、誰しもうまくいかないことがあると、子どもに対しても余裕がなくなり、つい強い口調で接します。しかしそんな時でも、親は自分の気持ちをわかってくれたり、助けてくれる誰かがいるとなんとか乗り切っていくことができます。子どもにも保育所や親族など、やはり親以外に見守ってくれる誰かが必要です。

　この母と子は、人からの支えなしで、生きている。目の前のAさん親子の姿が目に焼き付いて離れませんでした。支えがあってもやっとこさの自分自身の子育てと、たった一人でBちゃんを育てているAさんを重ねて見ていたからでしょう。

　「この親子にはどんな支えがあったのだろう。親は誰とつながっているのだろう」

　通告を受け、子どもと出会い、親と出会う時、まずそれが気になるようになりました。

　その頃、ある親に「子どもを奪うだけ奪って、どうしてくれるんや！」と言われたのです。自分たちは、親子の人生に関わっているのだ、なんとか親支援をしなければと痛感しました。そこから具体的に何かできないかと模索を始めたのです。

② 親の困難な状況とは

　親支援を行うために、虐待をする親について、改めて見つめ考えました。研修を受講したり、文献にあたったりし

ながら、関わっている親たちを見つめ直すと、"多くのストレスを持っている""人とつながっていない""適切な養育モデルを持たない"という共通点を実感しました。また、その背後には、親自身の育ちの影響や子どもへの認知のゆがみ、発達上の課題や疾病も見えてきます。虐待をする親＝困難を抱える親、としてとらえるようになり、どのような支援が必要か、それはいわゆる子育て支援とはどこが異なるのかと考え始めました。

そして、以下のように虐待する親の困難な状況がみえてきました。

- **生活上にストレスを抱えている**
  経済状況、夫婦関係、仕事や親族などの人間関係など
- **孤立を深めている**
  心理的孤立：表面上の付き合いはあるが、頼れる人、本音で話のできる人がいない
  社会的孤立：頼れる親族、知人がいない、話をする人がいない
- **意にそぐわない子どもと感じている**
  性別や容姿、子どもの気質、イメージと異なっている、子どもの発達的な特徴など
- **自らの育ちの影響を強く受けている**
  養育モデルの欠如や不適切なモデル、被虐待歴、自身の親からの支配など
- **発達上の課題や疾病、ハンディキャップがある**
  コミュニケーション・金銭管理・情報管理等の課題、疾病やハンディキャップなど

第1章 なぜ、家族再統合への支援が必要か

　そして、困難を抱える親は、下の図のコップのように、たくさんのストレスがいっぱい入っていて、それを渡せる人や場所がなく、あふれてしまっている状態だと思いました。そこで、「この親のコップの中身は、今どのくらいだろう？　子どもを受けとめる余裕はどれほどあるだろうか？」というように親の状態を意識するようになりました。

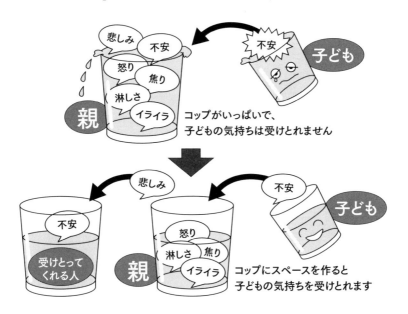

　ところで、社会的サポートが母親の養育態度に与える肯定的な影響についての研究では、母親や子どもに何がしかのマイナス要因がある場合には、社会的サポートが子どものアタッチメントに影響することがわかっています。ストレスやリスクの少ない層では、親が受けている社会的サポートの高低は、あまり子どものアタッチメントに影響しないが、リスク因を抱えている場合には社会的サポートが媒介要因として影響を与えているとの研究が紹介されてい

ます（数井 2005）。

　子育て支援を手厚くすることはもちろん大切ですが、リスク要因を多く持つ、困難を抱える親子に手厚い支援をすることが、より効果的に子どもの安全を守ることにつながります。

　しかし当時、リスク要因のある、下の図の要保護層の親子への特別な支援は、ほとんどない状況でした。要保護層の親たちは支援に対するモチベーションや情報を持たず、社会的なサービスにつながりにくい親たちです。しかし、この層の親たちにこそ、支援を提供し、再虐待を防ぐ必要があるのです。

　児童相談所の職員へのインタビューの中でも、親に必要な支援はという問いに対して、「親のニーズやタイプに合わせたもの」「日常的な親子に働きかける実践的なもの」が必要（宮口 2006）という声が多くありました。

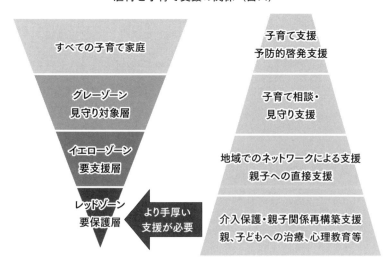

虐待と子育て支援の関係（宮口）

2. 誰が支援するのか

① 児童相談所での支援の限界

　児童相談所は、虐待通告を受理した後、子どもの安全確認を行い、不適切な養育を具体的に把握し、養育経過や背景を調査し、支援課題を明確にします。そして親に対し、虐待（不適切な養育）であることを告知すると同時に、児童相談所の役割と今後の対応の見通しを伝えます。

　もちろん同時に、親に対して、子どもの健やかな成長という、親と共通するはずの目標を提示して、支援を始めたいと伝えます。このように通告を受理し介入した時点で、子どものための支援が始まります。

　しかし、児童相談所での、虐待をする親への支援は簡単ではありませんでした。

　簡単ではない理由の一つは、立場です。親のニーズとは関係なく介入し、子どもを保護し、「あなたは虐待をしている」と宣言した相手。そして、今後の処遇を決める人でもある相手に、果たして親は本音を話すでしょうか。児童相談所の児童福祉司が親子を支援したいと伝えても、親には２つの顔を持った相手に見えるのです。「子どもを返してほしいから本当のことは言えなかった」と、支援関係ができたと思っていた親から言われたことがあります。

　二つめは、親子関係再構築に特化した専門的な支援が必要だったからです。アタッチメント等の知識を得て、親子関係に焦点化した特別な支援です。そのような支援を行うための理論、技術の習熟が必要です。しかし、子どもの安全が最優先となる児童相談所では、定期的な面接さえ十分に行う余裕がなく、児童相談所での家族再統合の支援に限

界を感じていました。

② カナダでの民間団体の支援

このように児童相談所での支援に限界を感じていた時、カナダでの行政と民間団体の連携による支援の取り組み（酒井 2005）を知りました。

カナダは、子どもに関する国家的指針（National Children's Agenda）を策定しています。この指針では、乳幼児期を充実したものとして過ごせるかどうかが、その個人がよりよく生きるための決定因子となると、各種の研究により明らかであると示されました。この指針を基に乳幼児期の成長発達への支援が最重要視され、行政と民間や地域との連携で、家族の成長発達を支援するシステムが構築されています。カナダ全土で、「よく機能する家族を育てる」というスローガンのもと、子どもを支える家族の成長発達を支援するということが、親子への支援の共通理念になっています。

この考えを基本に、虐待再発防止を目指す種々の支援プログラムが、民間の非営利団体によって提供され、行政と協働で親子への支援を行います。支援プログラムの中で、日本にも欲しいと思ったのがProject Parentというプログラムでした。

虐待再発防止プログラムProject Parentを参考に

「スタッフとの関係性をベースに親子に直接働きかけ、親の行動変容をめざし、親の自信を回復する」ことを目指したProject Parentは、当時児童相談所で出会う親たち（養育モデルを持たない、孤立した親たち）に最適だと感

じ、見学に行き、確信を得ました。

　MCFD（Ministry of Children and Family Development：児童相談所に似た機関）が通告を受理し、調査をして、家族の状況に合わせ、親に必要な支援プログラムを選択します。Project Parentは支援プログラムの一つで、パシフィックセンターという非営利団体が提供しています。Project Parentに参加している子どもの年齢は概ね5歳ぐらいまでで、裁判所の命令で参加している親子もいます。

　開始時に、親とMCFD（児童保護機関）とパシフィックセンターの三者が、ゴールを考え、ルールも決めます。プログラムは週に2回、期間は8か月間です。終了時には、子どもが戻る家庭の地域にある関係機関も入って、カンファレンスを行います。

　Project Parentの5つの特徴は以下のようなものです。

特徴①　関係性構築に働きかけること
特徴②　親子の相互交流の時間があり、親子で過ごすその場でアプローチすること
特徴③　家族とMCFDとパシフィックセンターの三者が協働すること
特徴④　MCFDと異なる機関が提供していること
特徴⑤　食事等を用意し、親子の日常の様子、価値観等を観察すること

　「学習（治療的変化）は安全基地関係の中でのみ起こること」（北川 2007）とも言われていますが、このプログラムを見学して、一番印象に残ったのは、親とスタッフとの信頼関係でした。親子のすぐそばでスタッフが見守り、親

が子どもを見守れるように支援する様子は、まさにスタッフが親の安心の基地になっていると感じました。

　日本でこのプログラムと同じものを提供することはできませんが、この考え方や構造を取り入れることはできると考え、CRC親子プログラムの開発を行いました。

2 親子の立場に立った支援を目指して

　家族再統合を目指す時、まず、子どもの安全安心が一番の基本です。具体的なアプローチについては第3章以降に紹介しますが、プログラムでの支援を続けていると、小さな子どもにこそ、子どもの視点に立った親子関係再構築であるか否かを支援者が意識することが必要だと感じます。そのために支援者は、子どもの身体の安全だけでなく、乳幼児期がいかにその後の人生に影響するかを実感しなくてはなりません。しかし、現在でも乳幼児期は安全面やケア面が重視されがちで、子どもの心理的欲求という視点は、まだ十分に浸透していないと思います。

① 子どもの立場から支援を考える

　乳児は、親を認識する前に分離された場合が多く、親との再会は見知らぬ人との出会いになります。見知らぬ人が今後のアタッチメントの対象となるべく、安心できる人になっていかなくてはなりません。

　また、幼児期以降の子どもには、親は怖い人、予測不能な言動の人として、記憶に残っている場合があります。親との再会は、そのような体験の想起につながります。さまざまな感情が湧き起こりますが、それをどのように表現していいかわからない状態です。

虐待を受けた子どもにまず必要なのは、安全で安心に毎日を過ごせることです。そして、自分の存在を肯定されることです。子どもは施設の担当職員や里親を新たな安心の基地として毎日を送っています。

　プログラムを行っていると、そのような子どもに、親との関係を再構築していくのだということを、痛切に感じます。施設職員に送られて来る子どもたちは、担当職員の手をしっかり握り、職員が自分を待っていてくれるかを確認したり、プログラムスタッフとどんな会話をするかを見ています。そして、自分の親のことを施設職員がどんな風に見ているのかを参照しています。以下に、分離された乳幼児に推測される心理的欲求や心象をあげます。

- 担当職員に見守っていてほしい
- 担当職員は、親をどう見ているか知りたい
- 自分はどうなるのか、見通しなどの説明をしてほしい
- 親はどんな人だろうか、怖いような気がする。会うのは冒険のような感じ
- 親はどうも特別な人らしい。特別な人に認められたい、つながりたい
- 不快な思いをしたくない
- 自分の感情を受けとめてほしい

　子どもが、このような気持ち等を持ってプログラムに参加していることを意識しています。

② 親の立場から支援を考える

　親の多くは、自分の子育てを虐待や不適切な養育と判断

されて、支援を受けることになったので、プライドを傷つけられたと感じています。そして子どもを育てられないという大きな喪失感を持っています。

　また、親族や地域から白い目で見られていると感じ、これまで以上に孤立した状態になっています。児童相談所から言い渡されたのは、虐待行為に対するＮＯですが、その行為だけでなく自分自身を全否定されたかのようにとらえています。子どもにとっては加害者であるのに、むしろ、自分は被害者だと感じている親が多いようです。

　例えば、以下のように語った親がいます。

「児童相談所の人は子どもを保護すると手当てがもらえる。だから自分の子どもは保護された」
「子どもを奪われ、すべてを失った。もう生きる希望もない。自分を全否定された。すべての人から白い目で見られる」

　このような気持ちをいったん外に出さないと客観的に自分を見ていくことができません。
　表面的には児童相談所や関係機関への敵意や怒りなど、親の攻撃性ばかりが見えます。もしくは児童相談所の指導に従い、自分の感情を全く表出しない親もいます。どちらの親も生産的な話し合いができる状況にはなかなか到達しません。しかし、そこにあるのは次のような気持ちや状態です。

● 大きな喪失感（子どもを奪われた）
● 高い不安（見通しが持てない）があるが、それをどう

表わしていいのかわからない
- 強い不信感（通告された）
- 地域や親族からの孤立
- 自分の不適切さへの怒り
- 罪障感（子どもを傷つけた）

　このような気持ちや状態の親は、コップの中身（ストレス）が溢れている状態であり、もう限界です。まずは親のコップの中身を渡せる人が必要です。親の最初のニーズは、自分の状態をわかってほしいということです。
　しかし、プログラムに参加する親には、親が措置機関である児童相談所や子どもを預けている施設に対してさまざまな思いを持ちながらも、関係を持ち続けていこうとする様子も見えます。児童福祉司が勧めたこのプログラムを受けることもその一つです。子どもとの関係に困っているのでプログラムに参加したいという親は稀で、親の多くは、児童相談所に言われたから参加しなければいけないと思っています。もちろん、プログラムを紹介されたのは自分への低い評価が理由であるととらえ、さまざまな形での抵抗を示す親や、子どもを早く家庭に引き取れる条件だと思い込んで参加を決める親もいます。
　どんな思いからであれ、親がプログラムに参加することは、親と児童相談所や施設、里親との関係に新たな力動を生みます。親を評価したり、子どもの処遇を決める機関ではなく、また、子どもの養育に関わっているわけでもないスタッフが、プログラムを通して、親子にとってどのような存在になっていくかを、プログラムの概要の紹介とともにこの後の章で紹介します。

第 2 章
CRC親子プログラムのあらまし

1. プログラムのアウトライン

　CRC親子プログラムは、親子で参加し、親子一組ごとに行う個別プログラム[*1]です。親だけではなく子どもが参加すること、グループではないことが大きな特徴です。

　プログラムは、事前説明から開始し、2週間に1回の頻度で同じ曜日、同じ場所で行います[*2]。約7か月間、全10回程度の構成です。終了後、2～3か月後と半年後にフォローアップを実施します[*3]。スタッフは、親子一組に2～3名で構成しています。

　プログラムを行う場所は、児童相談所と乳児院です。児童相談所では面接室とプレイルーム、乳児院では親子とスタッフだけで過ごせる部屋を借りています。

　事前説明と最終回には、児童相談所の担当児童福祉司が同席します[*4]。

---

*1　各親子の特徴や状況に合わせて、さまざまに特別な工夫や調整を行うために、個別で実施している。また、緊張感、警戒感などが高く、グループでの支援が困難な親が多いためでもある。
*2　親子にとって、イメージや見通しが立ちやすく、習慣的な行動につながることを意図している。また、支援する側にとっても定点で親子の状況を把握できる。
*3　数か月後にプログラムを思い返し、現時点での子どもとの関わりを見つめて振り返り、今後よりよい親子関係になるために行う。
*4　親に対し、CRCが児童相談所と異なる立場であること、しかし連携はしていることも示す。

2. 参加する親子について

　これまでCRC親子プログラムに参加した親子のうち、概ね80％前後の親子が施設入所中の子どもとその親、残りの親子は参加時点で一緒に生活していました。

プログラムに参加する子どもは、乳幼児から小学校低学年です。
　親は、担当児童福祉司にプログラムを紹介され、参加の意思を示したり、直接説明を聞いてみたいと考えた場合、事前説明を受けます。そして、事前説明を受けて、改めて親は参加意思を明らかにし、プログラムが開始されます。
　ただ、親の参加動機*5はさまざまです。施設で面会を重ねてはいても子どもとの関係に自信が持てなかったり、自身が子どもを養育していても、どう接していいかわからないと感じている親もいます。また、担当の児童福祉司が「プログラムに参加することだけが施設入所中の子どもを家庭に引き取る要件ではない」と説明しても、引き取りに結びつくと思い込み、参加する場合もあります。プログラムで自分の子育てについてよい印象を与え、児童相談所の評価を覆したいと考えている親もいました。
　総じて、児童相談所や施設とは異なる立場での支援が必要な親たち*6です。プログラムに参加する親たちは、適切な養育モデルを持たず、他者とつながらない人たちが多いと感じます。
　プログラム開始時点で、親のことをしっかりと親として認識している子どももいればそうでない子どももいます。例えば、プログラムが始まる以前からの面会で、親が大量のお菓子を持ってきて一緒に食べるものの、一方的で質問攻めの会話に戸惑っている子どももいます。
　乳児を除き、子どもにはプログラムについて施設職員や児童福祉司や親自身から説明をします。

＊5　参加時点で動機を明言したり、明確に意識している親は多くない。プロ

グラム終了時に本当の動機を語る親もいる。
* 6　自分の評価や子どもの処遇が気になり、子どもに関する困り事や不安を児童相談所に話せない親、自分から子どもを取り上げた機関の支援は受け入れがたい親、子どものケアに対する期待や不信感など施設に対してさまざまな感情が混在する親、子どもが示す施設職員に対するアタッチメント行動を受け入れがたい親。

3. 毎回のプログラムの流れ

児童相談所で行う場合

【子どもが施設入所中の場合】

親は子どもより30分程度早く児童相談所に来所して、スタッフと面接室で近況などを話します[*7]（親時間）。

子どもが到着すると親と親担当、子ども担当のスタッフで子どもを出迎え、全員でプレイルームに入室し、親子は出席カードにシールを貼ります。そして、子どもと子ども担当スタッフはプレイルームに残り[*8]、親と親担当スタッフは再び先ほどの面接室へ戻ります。面接室では、親は親担当スタッフとテーマについて話すなど親時間の続きをします。その間、子どもはプレイルームで部屋や玩具を探索し、子ども担当スタッフと遊びながら、親の入室を待ちます（子ども時間）。

そのようにして30分〜40分の間、親子それぞれが親時間と子ども時間を過ごした後、プレイルームで全員で遊びます[*9]（親子交流時間）。最後に皆でおやつを食べて親子交流時間（遊びとおやつで40分〜50分）を終わります。そして、子どもが帰っていく姿を親と両担当スタッフで見送ります。その後、スタッフが親を見送って、プログラムは終了です。

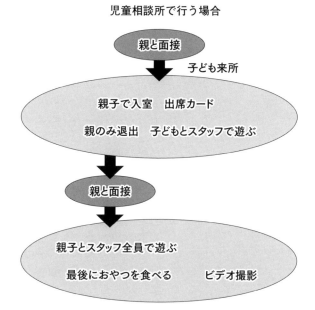

児童相談所で行う場合

【親が子どもを養育している場合】
　親が子どもを連れて来所し、一緒に帰りますが、親時間、子ども時間、親子交流時間の構成は同じです。
　どちらの場合も親が来所して帰るまでおおよそ2時間ぐらいです。

乳児院で行う場合
　乳児院では、親が来所するとまず、親と子ども、スタッフで親子交流時間を持ちます。そこでは親子とスタッフが一緒に遊んだり、子どもをあやします。時には子どもにおやつを食べさせたり、オムツ替え[*10]をすることもあります。
　親子交流時間の後、親とスタッフとで近況やテーマについて話す時間を持ちます（親時間）。乳児院でのプログラ

ムでは、親子とスタッフだけで過ごせる部屋を借りて行っています。

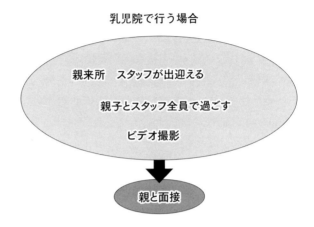

　なお、児童相談所、乳児院のどちらでも親子交流時間の様子はビデオに撮影し、その映像を後日、親と視聴します。

＊7　スタッフは親を心から迎え、ペースを合わせながら、アイスブレークや近況を通じて親の様子を感じ取る。
＊8　親から子どもに部屋を一旦退出することを伝える。子どもは約束通り、親が部屋に戻ってくるという体験を積み重ねる機会でもある。
＊9　親子だけで遊んだり、スタッフが指示したり、助言するのではない。
＊10　親子で過ごすことを大切に考え、スタッフは親子が一緒にいて楽しい時間となるよう心がける。子どもの世話や手技の練習、伝達は主たる目的ではない。

4. プログラムを開始する時

　事前説明では、スタッフから自己紹介やプログラムの説明をし、親の疑問に答えます。そして、児童福祉司には親の前で、親の子どもに対する虐待や処遇に関する経緯[11]を話してもらい、プログラムを紹介した理由を語ってもらいます。

その上で、親に参加の意向を確認します。そして、親からプログラムで知りたいことや得たいこと、不安について聞き取ります。また、終了時にどのような自身と子どもになりたいかという希望も語ってもらいます。

　児童福祉司が退席した後、子どもについてのインタビューを行います。妊娠に気づいた時から、出産の様子、子どもの名づけなどのエピソードについてインタビューをします。事実を聞き取るだけでなく、その時のことをどのように語るか、自身がどう評価しているかに注意して、聞き取ります。そのようにして親への理解を深めます[*12]。なお、全体を通じ、親には「あなたの子どものことを教えてほしい」というスタンスで話を聞くようにしています。

[*11] 子どもにどんな虐待や不適切な養育があったのか、どのような処遇がなされたかを共有する。そのことは、子どもの状態を理解したり、プログラム後半で親の内省に寄り添ったり、親と共に子どもとの未来を考える時にも重要である。また、児童福祉司から語られるそれらのことを親がどのような様子で聞くかをその場でスタッフが感じ取ることも、親を理解し、自身を覚知するために大事な過程である。

[*12] この場面でも、親への理解を深めるだけでなく、これらの情報を得た時のスタッフの自身の感情など自己覚知を行うことも大切にしている。

5. 親時間について

親時間の流れ

　親時間では、まずアイスブレークを経て、近況やテーマ、本日の交流時間などについて話し、またビデオの視聴をします。

① アイスブレークを行う

　プログラムの序盤では、好きな食べ物などその親が答え

やすいと考えられる話題を一つ決め、その後も毎回行っています。アイスブレークには以下のような意味があります。
- 親の緊張を和らげ、テーマなどの話し合いに導入しやすくなります。
- スタッフが例えば苦手な食べ物を打ち明けるなど、アイスブレークに参加することによって、スタッフが一方的に親に教え、指示するのではなく、一人の人間と

児童相談所でのプログラム

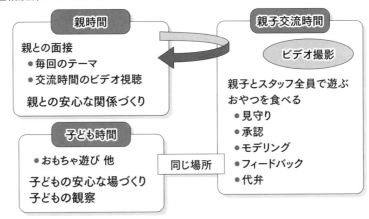

乳児院でのプログラム

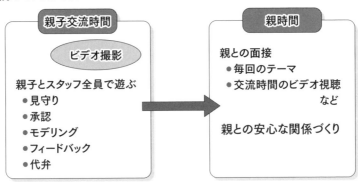

して対峙していることを体現する機会にしています。そのことにより、親にはスタッフに対して親近感や人として尊重されているといった感覚を持つことができると感じています。
- 親子に関するさまざまな情報を得ることができます。親の趣味や興味のあることから、生活に関する思いもかけない事柄や子どもの育ちに関する情報などがわかります。

② 近況を聞く

2週間に1回、同じ曜日の同じ時間に出会うことで、不定期に出会うのではわからない親の状況を把握することができます。もちろん、子どもとの関係や生活状況に気がかりなことがある場合には、親に児童福祉司等支援者への連絡をすすめ、親の了解のもと担当児童福祉司に連絡を取ることもあります。

これらのことを通じて、親の置かれている状況や気持ちを推し量り、スタッフはその時々の親の気持ちを認め、寄り添います。そのようにして、気持ちを落ち着かせ、感情を整えていきます。

③ 親時間のテーマ

プログラムの前半は、子どもや自分の1日などを話題にし、また、交流時間の感想などを聞き、親の様子を観察します。次に親自身の生い立ち、パートナーとの出会いや生活、子どもの誕生から現在までをバイオグラフィーワーク[*13]の視点をもって聞き取ります。そして、後半に入り、親の

役割として、自身が子どもの安心の基地となれるよう、子どものアタッチメント欲求や行動[*14]に関する説明などの心理教育をします。また、自分たち親子や教材のDVDを視聴し、子どもへの関わり方への気づきを促します。その上で、虐待や不適切養育など、過去の養育への内省が行われるよう働きかけます。それから、今後のことを一緒に考えます。

　このようにして、最初は現在のことを尋ね、次に過去のことを聞き、それを踏まえたうえで、内省を促し、そして未来のこと、希望を語ってもらうという流れを意識しています。過去から聞き始めるのではなく、話しやすい現在のことから話題にします。なお、テーマの順番、時間配分はそれぞれの親子によって異なりますし、図を使うなど伝え方、働きかけ方も親子によって変えます。

親時間のテーマ（一例）

事前説明：目標の確認　子どもについてのインタビュー

1回目：子どもとの時間
2回目：親子交流場面観察のふりかえり
3回目：子どもとのコミュニケーション
4回目：親としての自分①
5回目：親としての自分②
6回目：親の役割①
7回目：親の役割②
8回目：過去の子育て　これからの子育て
9回目：パートナーや家族との関係
10回目：プログラムの振り返り　修了式

フォローアップ　プログラムを思い起こし　今は…

独自に開発したシート

　プログラムでは、テーマに即したシートを開発し、それぞれの親子に合わせて選択し、活用しています。書き込み

第2章 CRC親子プログラムのあらまし

式になっているシートの他、テキストのように使用できるシートもあります。親時間で、スタッフが親の言葉を書き込んだシートやテキストとして活用したシートを親のファイルに綴じていきます。プログラム開始時に親には新しいファイルを渡していて、そこに綴じていくシートを自宅でも見ることができます。私たちは書き込んだシートの写しをもらいます。

書き込み式のシートの例

④ 本日の親子交流場面について

　親時間の後に行う親子交流時間での、子どもとの関わり方などについて話題にしたり、目標を考えたりすることがあります。特に以前に撮影したビデオを視聴した時など、親自身が子どもにとって良い関わりであると感じた応答を再現しようと考えたり、子どもが嫌悪していると気づいた関わりを減らす努力を口にする親もいます。

＊13　第3章3（88ページ）を参照。
＊14　第3章2（49ページ）を参照。

6. 親時間でスタッフが行うこと

① アタッチメントの視点で親を理解し、支える

　まず、アタッチメント理論に基づく視点から、親の不安や恐れ、また親自身の安心の基地があるのかなどについて対話をしながら、想像したり、聴き取ったりします。そして、親の感情に寄り添い、気持ちを落ち着かせることで、親を支えます。

　また、バイオグラフィーワークの視点をもとに親の育ち、パートナーとの出会い、子どもの出生から今までを聴き取ります。そのようにして親の語る人生のさまざまな面をスタッフは実感していきます。

　なお、アイスブレークでわかる生活に関するなんでもないような事柄でも、あるいは生い立ちやパートナーとの生活に関するような話でも、常にその人がどのように語るか、自分自身ではその事実をどう評価しているかということに注目しています。ただ単に事実を聞くのではなく、その人からは何が見えているのか、どのように感じているのかを

知ろう、近づこうと、より理解できるよう考えます。
　スタッフは親の人生を聞く中で、例えば学校でいじめられた話に対し、「つらい経験をしてきたね、大変だったね」という寄り添いをするだけでなく、その人がこの世の中をどのように思い、人に対してどのような対処方法をとるのだろうということを推測します。つまり、その人の内的作業モデル[*15]を知ろうとします。

② 子どもの欲求についての心理教育
　前述のシートなどを使いながら、子どものアタッチメント欲求や行動、また、探索を支える欲求についても心理教育を行います。スタッフは、子ども（人間）に生来備わったアタッチメント欲求についてわかりやすく示し、親には自身の気持ちも参照にしてもらいながら、子どものアタッチメント欲求や行動について理解が進むよう努めます。そして、その上で自分たち親子が映っている親子交流時間のビデオを視聴して、子どものアタッチメント欲求や行動、また安心の基地としての役割（探索を支え、見守る役割）を確認するなど、子どもの様子を観察するように促します。また、子どもの健全な成長発達には、子どもの欲求にどう応じていくことが望ましいかということについても伝え、話し合います。

③ 子どもの観察を示し、そのために親の感情調整を行う
　子どもの欲求に関する心理教育と親の役割を伝えた上で、親が自分の子どもの欲求に気づき、応じることができるようになるため、子どもの観察を一緒に行います。また、親が、子どもの観察を行えるよう、ここでも親の感情を落ち

着かせ、整える（感情調整を行う）役割が求められます。

　子どもに欲求があると初めて知ったという親、教材のビデオを視聴しても子どもの欲求を感じることが困難な親、子どもの欲求に気づいてはいるが応じることができない親などさまざまな親がいます。

　親が虐待行為を行う理由の一つには、子どもなら当然と考えられる行動や求めに対し、親が理解できず、厳しく叱責したり、無視するからと考えられています。しかし、親のそういった状態がなぜ起こるのかについては、十分に把握できない場合も多いのです。あるいは、それらの理由は、子どもへの関心のなさや認知機能の不全と決めつけられる親もありますが、ビデオ視聴などを通じて親と話していくと、全く異なった理由が明らかになる時があります。私たちは、理由がわかると親のアセスメントも可能となり、支援の方向性も明らかになると考えています。

④ 自分の子ども時代からの学び、養育への内省を促す

　親には、幼い時から今までの人生を聞き取りながら、自身の親がどのように自分を育ててきたか、接してきたかについても話してもらいます。そのようにして自分の親の子育てへの気づきを促し、それをどう感じるのかを尋ねます。そして、子どもとして親の子育てのよかったところ、よくなかったところを質問し、引き継ぎたい面、引き継ぎたくないと感じる面についても問います。こうして自分の育てられ方と自分の子育ての関連性や子どもの立場に立つこと[*16]を考えてもらうように働きかけます。

　その上で、虐待や不適切な養育など、自身の養育についても内省を促します。その時の子どもがどのように感じた

かを想像したり、自分の状態を振り返ります。

　また、バイオグラフィーワークの視点のもとに、虐待されたり、いじめを受けたなどつらい経験の中で、どのように生き延びてきたのか、誰が助けてくれたのか、どのように対処してきたのかなど、親自身の力や助けてもらった体験などを共有します。そして、親自身が自分のリソース（力や可能性）に気づき、人に頼ってうまくいった体験を思い出し、今の生活にも置き換えて考えてもらうよう働きかけます。

　また、親の過去の頑張りを承認し、人として尊重していることを表します。このような段階を経て、親自身に「自分は子どもに何ができるのだろう」ということを考えてもらいます。

---

*15　第3章2（54ページ）を参照。
*16　自身の育ちと自分の子育ての関連性を意識し、自分の子育てについて客観視することは容易いことではない。しかし、身体的心理的虐待を受けて育ってきた親が、自身の親の子育てのよくない面を尋ねられ、自分を思い通りにしようとしたこと、全部を否定したことという表現をし、自分の子育ての内省が進んだ例にみられるように、決めつけず、根気よく働きかけることが重要だと考える。

7. 子ども時間でスタッフが行うこと　子ども時間は、乳児院では行わない

　子ども担当スタッフは、子ども時間を通じ、子どもをリラックスさせるような雰囲気を作り、子どもの探索を支える安心の基地となります。また、子どもを観察し、子どもの特徴や気分を理解し、親子交流時間の遊びや過ごし方を考えます。

　また、親や施設職員への心象を観察します。

　これらを通じ、親子交流時間で親と一緒に楽しめる遊び

を探したり、子どもの気持ちや欲求を代弁することが可能となります。

8. 親子交流時間でスタッフが行うこと

　親子それぞれが、担当のスタッフを自身の安心の基地として、親子交流時間での遊びとお互いの存在への探索[*17]を行うことをサポートしていきます。

　すべての親子交流時間を通じて（初期に１回だけ行う親子交流場面観察を除き）親子とスタッフはずっと一緒に遊び、おやつも一緒に食べます。親子交流時間の最初から最後までビデオで撮影を行います。

① 親子を見守り、体験に寄り添いながら、親に働きかける

　親子の様子を全体的に見守り、親も子どもも安心して過ごせる時間となるよう雰囲気を作ります。また、特に前半では親子でスムーズに遊べないことも多いので、スタッフが率先して楽しく遊びます。

　皆で遊んでいる間、親担当スタッフは親のよりどころとなるよう、また、親にとってモデルとなるように振る舞い、子どもの様子に注視するように働きかけます。そのようにすることで、親は子どもがどんな欲求を持っているのだろうと感じ、子どもの探索に寄り添い、子どもの気持ちに共感する体験を得ます。親は子どもを知っていきます。

② 親にフィードバックし、承認をする

　親、子それぞれの言動と気持ちとを関連づけて、親にフィードバックします。また、親が子どもの欲求に気づい

たり、適切に応答したときに親を承認します。

子どもにとって、親は自分を脅かす存在ではないと感じてもらう場になり、同様に親にとっても子どもは自分を脅かす存在ではないと感じる場にもなっています。

③ 子どもの代弁をする

スタッフは、子どもの気持ちや欲求の代弁をします。親に直接伝えることもあれば、他のスタッフに伝えることもありますし、誰に向かってということもなくつぶやくこともあります。

④ 子どもにとって安心の基地の役割を親に渡していく

プログラム全体の後半になれば、特に子ども担当スタッフは子どもにとっての安心の基地の役割を親に渡していくように心がけます。

プログラムの初期に行う親子交流場面観察

親子2人だけで提示されている遊びを行い、最後に親が部屋から退出する様子をビデオで撮影します。遊びの切り替えは、隣室からワンサイドミラーで観察しているスタッフがトランシーバーで指示をします。この様子は、親子関係を観察する機会であり、親子を理解する大切な情報です。また、子どもの欲求が表出している様子や、親が応答できている場面を親に視聴してもらう大切な教材にもなります。

スタッフ間の連携の重要性

親子交流時間で親子が安心して過ごせるためには、親担当スタッフと子ども担当スタッフの会話はもちろんのこと、

視線や動きなどの非言語的なやり取り、協力などを通じての雰囲気作りが欠かせません。また、事前に準備した遊びや時間配分も、親担当が子どもや親の状態によってその場で変更するので、親担当スタッフと子ども担当スタッフ間の即時性のある連携が必須です。

　なお、親子交流時間の終了後、親子交流時間をはじめ、それぞれが過ごした時間での親、子の様子について報告し、話し合います。各スタッフが、親や子どもに対して抱く感情等についても振り返り、ディスカッションし、共通認識を持つことがとても重要です。プログラムが親子にとって安心な場所であると感じてもらうためには、スタッフ間の連携、関係性が良好であることが欠かせません。

機関間の連携の重要性
　児童相談所で行うプログラムでは、入所中の子どもとその親が参加する場合は、児童養護施設に子どもの送迎の協力を得ています。児童相談所へ子どもを送迎してきた施設の職員の方や乳児院で出会う職員の方との、親やプログラムのスタッフとのコミュニケーションはとても大切です。挨拶や連絡といったわずかなコミュニケーションでも、子どもにとっての日々の養育者である施設職員と親やプログラムのスタッフとが良好な雰囲気であることは、子どもの、親に対しての心象に影響を与えますし、プログラムを安心な場所と感じ取ることにつながります。

　また、親の了解のもと、乳児院や児童養護施設から施設での子どもの様子、施設での面会時の親子の様子などを聞き取ります。ただ、親からの遅刻の連絡などプログラムに関する連絡は直接スタッフと行い、児童相談所や施設とは

異なる立場であることを示しています。

*17 親も子どもも相手に近づき、関わりを持とうとする意味では、親子交流時間での親子の関わりは、互いの存在への探索であると感じている。

9. プログラムが終わる時

　プログラムの最終回には、最初に親が語った、終了時になっていたい自身と子どものイメージに、どの程度近づいたかを尋ねています。また、児童福祉司からも親にねぎらいやメッセージを語ります。そして、スタッフから親にプログラムの修了証を渡します。

修了証

＿＿＿＿＿　様

あなたは「CRC親子プログラム～ふぁり」に積極的に参加し、無事修了されました。

あなたは子どもにとっての灯台です。
　子どもに働きかけ
　　子どもを受けとめ
　　　子どもと喜びや悲しみを共にし
　　　　子どもの道しるべとなり
そして、
　いつでも子どもが帰れる安全基地なのです。

平成　年　月　日　　プログラム担当：

CRC
チャイルド・リソース・センター

10. プログラムのフォローアップ

　全回のプログラムが終了した後、2～3か月後と半年後に、それぞれフォローアップを行います。
　親にはプログラムを思い出し、振り返ってもらいます。その上で、プログラムでそれぞれの親が獲得した子どもとの関係で大切にしたいことを再確認します。そして、親と現在や未来の自身と子どもとの関係について一緒に考えます。
　親が家庭で子どもを養育していたり、家庭引き取りを目前に外泊等をしている場合、家庭訪問をして、フォローアップを行います。家の中での子どもの様子、おもちゃや子どもの用品などの情報も集めます。親の了解のもと、担当児童福祉司に親子の様子や家庭の状況を話し、支援の継続に必要な資源などを伝えます。
　また、例えば親子によっては、施設でフォローアップを行い、親と共に施設職員と今後の面会での細かな工夫について話し合います。そのようにして、今後も継続して親子を支援する支援者に親子への理解を深め、親子の関係への支援を続けてもらうような働きかけを行います。
　このように親子を次の支援へつなげていくこともプログラムの大切な役割であると考えます。
　なお、「はじめに」等でも触れているように、半年後のフォローアップを個別に行った後、児童相談所の委託業務としてではなく、団体の活動として、半年に一度の頻度でプログラムに参加した親子が集う場を設けています。

第3章
CRC親子プログラムにおけるアプローチ

1 支援の道標を持つ
子どもたちが「この世界はいいところだ。
生まれてきてよかった」と思えるように

　CRC親子プログラムの願い（ゴール）は、子どもたちが「**この世界はいいところだ。生まれてきてよかった**」と思ってくれることです。そして、子どもが人とつながる喜びを感じることができ、将来、自分も人も傷つけないことです。虐待しない親になることでもあります。

　「自分が子どもだったときは、誰も助けてくれなかった」
　これまで出会った多くの親が言いました。子ども時代に社会から支援されなかった親を前にして、多くの子どもや家族と関わってきた支援者の一人として何ができたのだろうかと振り返ります。実際、過去に関わった子どもと、今度は子どもを傷つけた親として再会したことがあります。

　子どものため家族のために支援する人たちから、「毎日、子どもの姿を見るとかわいそうになる。なんの手だてもない」「いろいろと親を支援しているが、反応も乏しい」「親はいつも怒っていて、普通に話さえできない」「何かあるとすぐに糾弾される。とにかく子どもの安全を確保するだけで精一杯」という声や、「子どものためには、親を支援すべきだとは理解しているが、実際に親の言動に接すると、支援しようという勇気が砕かれる」という気持ちを聞きま

す。

　プログラムを行っていても、「いつまでも自分のことばかりで、なぜ、子どもの視点に立てないのだろう」「何回話しても積み重なった感じがしない」と親の変容がないことに肩を落とし、具体的な成果が出せないことに焦りを感じることがあります。

　そのような時に必要なのが「道標」です。これまで述べたようにプログラムに参加する親たちの多くは、過去にいじめや虐待、貧困などの過酷な状況を生きてきています。そして、問題があったことでプログラムを紹介されています。支援を受けることも望んでいない人をどう支援していけばいいのでしょうか。

　このように立ち止まってしまう時に、道標は行く先を教えてくれます。

　「この世界はいいところだ。生まれてきてよかった」

　虐待を受けた子どもたちがこう思えるよう、それを目指して私たちが行っていくのは、**子どもを育てる親を支え、親が子どもを支えられるようにする**ことです。

　親が人とつながることに安心すると、子どもも人とつながっていくことができます。

　支援する相手を"難しい親"と思った瞬間、行く道は途絶えます。困難な時にこそ、道標を確認します。そして、その時支援の地図に方位磁石を置きます。この方位磁石とは、アタッチメント理論とバイオグラフィーワークの視点です。それにより"難しい親"を理解する方向が導き出せ、

支援を具体的に進めていくことが可能になります。2つの視点で"本人がいるところ"を理解し、そして本人が問題解決に向けて歩み出した、その歩みを支援する際には、ソーシャルワークのアプローチを用います。

それでは、CRC親子プログラムで活用しているこの2つの視点（アタッチメントとバイオグラフィー）と、ソーシャルワークのアプローチについて具体的に紹介していきましょう。

```
バイオグラフィー    アタッチメント理論    ソーシャルワーク
の視点（個の理解）  （関係性の理解）      （社会の中で）
```

2 アタッチメント理論に基づく視点
どの子（人）にも安心の基地が必要
それがないと生きていけないということを基本に

　アタッチメントは、子どもが不安や恐れなど危機的な状況に際して、あるいはそういった状況に備えて、養育者（特定の対象者）に近接を求め、それを維持しようとすることとされています（Bowlby, 1969/1982）。言い換えると、危機や不安を感じるときに強くて大きな存在にくっつくことで安心感を得ようとする本能ということです。

　支援者は「あのお母さん（お父さん）はお子さんへの"愛情"は持っておられるんですが……」とよく言葉をつまらせます。子どもについて「大好きです」「あの子のことが心配で……」と、いくら言っても、思いはあっても、子どもが泣いている状況をずっと無視したり、逆にひどく叱責するような行為が日常的に繰り返されていたら、子どもはどんな育ちになっていくでしょうか？

　重要なのは、「子どもの心身の育ちに必要な養育者の存在」という視点です。心身の育ちに欠かせないのは抽象的な愛情ではありません（もちろん愛情が不要というわけではありませんが）。必要なのは、子どもがヘルプを求めているときに適切に応答してくれる安心できる存在です。それは母や父に限定されるものではなく、子どもを危険や不安から守り、安心を与える（子どものアタッチメント欲求に応える）養育者としての大人の存在です。

子どもの福祉を考える上で重要なのは、"この子は安心して毎日を送っていけるか。大人の私たちは何ができるか"という視点です。そのためには時として、親との分離も辞さず、代替の養育者へ託す場合もあるのです。**どの子（人）にも安心の基地が必要**[*1]、それがないと生きていけないということをしっかりと念頭に置き、子どもにとって、どんな支援が必要かを考えていきます。支援をしていて、迷った時にはここに戻ることで、自分たちが何をすべきかが見えてきます。アタッチメント理論は、子どもの視点から養育に何が必要かを明確に教えてくれます。

　プログラムでの支援の道筋は、以下の通りです。前半は親自身の状態をアタッチメント理論に基づく視点でとらえ、支援を始めます。人は大人になっても、不安な時や迷ったり、心配になった時に、その人を思い浮かべたり、あるいは実際にその人に連絡をすると落ち着くといった、アタッチメント対象となる人がいるように、ボウルビィ（Bowlby）はアタッチメントをゆりかごから墓場まで、生涯を通じて存続するものだといいます。

支える	アタッチメントの視点で親を理解し、支える
働きかける	親が子どものアタッチメントを理解するために、働きかける
つなげる	支援者間で親子への理解を共有し、継続的に支える

＊1　安心の基地とは（Bowlby 1988）
養育者が子どもに対して果たす機能を「安心の基地」と呼んだ。子どもは安心の基地から外に出ていけるし、戻ってきたときには喜んで迎えられると帰還することができる。不安な時には慰めが得られ、恐れているときには安心が得られるのである。

1. アタッチメントの視点で親を理解し、支える

支える 親を支える	①親の不安や恐れを理解する ②親の安心の基地を探る ③親に寄り添う
働きかける 子どものアタッチメントへの理解を促す	①親の役割を伝える ②子どもの観察を示す ③養育への内省を促す
つなげる 親と子の状態の理解を共有し、支える	理解を共有し、連続性のある支援を目指す

　まず、最初は「親を支える」ことをします。親が子どもと向かいあっていくには、とてもエネルギーを要します。そこで、親には十分な支えが必要になります。

　では、具体的にどのように親を支えたらよいでしょうか。支える時に必要な視点は次の3つです。

---

① **親の不安や恐れを理解する**
　➡言動の裏にある不安や恐れをみる
② **親の安心の基地を探る**
　➡安心の基地づくりを少しずつ行う
③ **親に寄り添う**
　➡気持ちに寄り添いながら感情調整を行う

　親が子どものアタッチメントを理解し、安心の基地となり、子どもを支えていくためには、親もまた自らが誰かに寄り添われる体験を通して学んでいくしかありません。プログラムでは親の状態を理解し、安心の基地となれるよう、親の気持ちに寄り添い、支えていきます。

① 親の不安や恐れを理解する

> **事前説明での親のことば**
>
> Aさん 「こんな説明、聞いてもわからない。これ（プログラム）を受けないと、子どもを返してくれないから受けるしかないでしょ。おたくは、このプログラムを自分の子どもに試してうまくいったのか！ これで本当にうまくいくのか」
>
> Bさん 「自分の子育てについて足りていないことをしっかりここで学ばせていただきたいと思います。今、特に私自身、困っていることはありません。ないけれど勉強にはなると思うので……。自分の姿を客観的にビデオで見てみたいです」

　このような言葉を聞くと、誰しも攻撃的なAさん、表層的なBさんとすぐに判断し、「ああやりにくいな〜」「難しいな〜」と感じるかもしれません。しかし、実はAさんもBさんもその態度の裏には、大きな不安や恐れ（＝この人たちはどんな人たちなのだろう？　何をさせられるのだろう？　どうなるのだろう？）があります。「緊張するんです」「いろいろ評価されるのはいやです」「怖い」などという表現であれば、不安や恐れとして感じやすいのですが、攻撃的な口調や表層的すぎる態度で表されると受け取りにくくなります。

　プログラムを紹介された親には、多くのストレスがかかっています。そして以下のようなさまざまな気持ちが動いています。

- 自分はよくないことをした（まずい！）
- ほんとうはどうしていいのかわからない（助けて！）
- これからどうなるんだろう（見通しが全くない）
- 新たな人に出会う（きっと自分の味方ではない）

　こうした気持ちは、本人さえ自覚していない状態かもしれません。しかし、このようにやりにくいと感じさせる親たちは、実は不安や恐れがまさに最大限に活性化しているのです。出会う時は、まずその時に親が抱えている心の状態を推測し、それを理解しながら対話を進めていきます。

　また、こうした親の多くは、虐待した親、子どもを奪われた親、指導の必要な親などと、「自分はすでに親として×（バツ）がついている」「自分の努力や頑張りは認められない」から、このプログラムを勧められたのだと思っています。児童相談所が紹介した新たな別の機関から、さらに自分が評価されるのではないかという緊張感もあります。しかし、それを不安として表現することはほとんどありません。それどころか、「自分は親としてきちんとしていた」「子どもがあんな状態だったのが原因」など、子どものことを否定的に語ることさえあります。また、「児童相談所が勝手に子どもを連れていって、今一緒に住んでいないから、親子関係も切られてしまった。だから、児童相談所がなんとかしたらいいんだ」と関係機関を責めることもしばしばです。

　その表面に現れている言葉や態度だけで親をとらえると、本当にこの人は子どもとやり直したいと思っているのだろうかと、こちらのやる気がくじかれそうになります。

　ここで、「不安や恐れが活性化している親のこういった

言動は、何に由来するのだろうか」と考え、親の状態の理解をしていきます。例えば「自分の感情を整えられない時の他者への対処方法だろう」「自分を守るためにこのような態度をとっているのだ」などと考え、親がこれまでとってきた人との関わり方を観察していきます。

　他者に対してどんなふうに感じ、どのような対処方法をとるのかということが「内的作業モデル」と言われるもので、親のそれを探ることが支援の第一歩になります。

内的作業モデルとは
　ボウルビィは内的作業モデル（Internal Working Model）という概念により、アタッチメントを生涯にわたる現象として位置づけようとしました。乳幼児は、養育者との間に、「養育者が自分を受けとめ、自分の要求に応答してくれるのかどうか」「自分は保護を受け、助けられるに値するのかどうか」といった自身についての主観的な表象モデルを作っていきます。それが、その人特有の対人関係のスタイルに影響することになります。「他者は自分が〇〇のときに、〇〇する、だから自分はこうしたほうがいい」という対人関係の持ち方です。それが、その後いろいろな人との関係において無意識に繰り返されるようになるのです。

　これは、いわば体の記憶として残っているものであり、子どもに虐待や不適切な養育をする親は、この表象モデルが、「他者は信頼できない、そして自分も信頼できない」という状態である人が多いのです。

　なお、親を支えようと、親の言動を承認したときに、うまくいかない場合があります。これまで承認された経験のない親は、承認されると落ち着かず、とまどったり、中に

は愚弄されたと感じるなど被害的な気持ちになる人もいます。支援者はその親の内的作業モデルを理解しながら、受け取れる関わり方を考えることが必要です。

② 親の安心の基地を探る

> **プログラムでの親のことば**
>
> Cさん 「自分が子どもの時、親はほとんど家に帰ってこなかった。ご飯もなく、学校から帰りたくなかった。中学生のとき、A先生と放課後よくしゃべっていた。A先生に、初めて兄から暴力を受けていることを話せた。A先生が児童相談所に連絡してくれて、施設に入れた。その後もA先生は面会に来てくれた。またA先生のことを思い出した」
>
> Dさん 「子どもを連れて自分の母親と一緒に食事に出かけた。お店で子どもがぐずったのでとても困っていたら、母親が『ほんとうにわがままで、どうしようもない子ね。あなたが甘すぎるからよ』と言った。帰ってから子どもの顔を見たら、思わず突き飛ばしてしまった」
>
> Eさん 「F（乳児）に手を挙げそうになり、よく訪問してくれた保健師のAさんのことを思い出した。思わずAさんに電話した」

親が子どもの安心の基地になるためには、親自身が安心の基地を持つ体験が必要です。また、どれくらいその安心の基地についてイメージができるかが重要です。Cさんは親との関係では、安心した体験はなかったけれど、放課後何時間も寄り添ってくれたA先生との体験を思い出しまし

た。養育者に限らない身近な大人の存在が、子どもの安心の基地になります。

　親自身はどのように養育されてきたのか、過去には安心の基地はあったのか、現在には安心の基地はあるのかは、親に直接聴かなくとも、子ども時代のエピソードや今の子どもとの関わりの中で「私は……だった」と出てくることがあります。親がどんな安心の基地を得てきたのか、得られなかったかは、子どもとの関係を考える上で大きな鍵です。それを意識的に聴き、過去と現在の親の安心の基地を探ります。

　先述のDさんは、子どものことで困っている時に、助けてほしい親に否定され、子どもの状態を受けとめられず、突き飛ばしてしまいます。Dさんは、親の助けを借りるようにと相談機関から勧められていました。安心の基地であってほしい親に否定されることで、Dさんの傷つきはより大きくなっています。支援者は、親にとって本当の安心の基地はどこだろうかとよく考えることが必要です。

　Eさんは、思わず赤ちゃんを叩いてしまいそうになった時、以前訪問してくれた保健師さんの顔が浮かび、保健師さんに電話をして、その結果、子どもは一時保護されました。あの保健師さんが訪問してくれていなかったら、自分はどうなっていただろうかと、今は落ち着いてその時の自分を振り返ることができます。必要な時にSOSを出し、それに対応してもらった体験は、母の自分自身への肯定感にもつながっていました。

③ 親に寄り添う

> **プログラムでの親のことば**
>
> Hさん 「この子は本当に自分勝手で好き放題だった。私をいつも困らせて、まるで楽しんでいるような感じ。保育園の先生にそう話したけど『この年齢の子は皆そうですよ。活発で元気いっぱいです。いい子ですよ』と言われてしまった」
>
> Iさん 「施設で友だちできた？ 今日の幼稚園で何した？ 楽しかった？」
>
> 子ども 「……」
>
> Iさん 「また、無視か」
>
> CRC 「Aちゃん、今の質問ちょっと答えるの難しかったね。ママもAちゃんの話を聴きたかったね」
>
> Jさん 「ここ（プログラム）では、もっと育児の勉強をたくさん教えられると思っていた。でも、そうじゃなくて、子どもと自分と一緒におってくれるというか、一緒に考えてくれるところだ」

　親の不安や恐れを理解し、親の安心の基地を推察したうえで、次にすることは親の感情に寄り添い、親が子どもに向かいあうために親の安心の基地になることです。安心の基地の役割は、正しいことを伝えたり、励ますのではなく、まずは寄り添う（感情調整）ことです。

　Hさんは子どもがいかにやりにくいかをわかってほしいのに、他の子も同じと言われ、それ以上は何も言えなくなりました。支援者は困っていることを話されるとすぐにア

ドバイスをしたくなりますが、そのような時のアドバイスは徒労に終わることが多く、後で「やはりわかっていない」「伝わらない」という親への評価に終始してしまい、支援にはつながりません。

　Ｉさんはプログラムで子どもと会話をしたくて、質問を一方的にし始め、子どもは固まってしまいます。子どもに笑ってほしくて、反応してほしくて、なのに無視をされて、つらかったのですが、その場では子どもに強くあたります。少したって子どもと離れた場所で、私たちはＩさんに「会話したいのに、反応乏しいとつらいね」とＩさんの気持ちを代弁します。Ｉさんは「無視されると腹が立つ」と自分の感情を表します。そのように感情を表した後で、少しずつ子どもの緊張にも目が向くのです。

　Ｊさんは、「プログラムで一番心強かったのは、子どものことを一緒に見て、一緒に遊び、一緒に考えてくれたことだ」と言いました。「指導されたり、教えてもらったりしたことはあるけれど、一緒に遊ぶ、一緒に考えるなどをしてくれたことはない。ここでは、"一緒"でよかった」とも語りました。このメッセージは、何よりうれしいものです。スタッフは親の"横にいる人"なのです。親や子どもの感情の揺れにつきあい、一緒に楽しみ、失敗も体験します。

　親に寄り添うことで、親が寄り添われたことを体感し、子どもにも体現していく。「子どもの視点に立って！」と言う前に、そうされた経験のない親には、そのようにされる経験をしてもらう、感じてもらうことが必要です。親は、自分がしてもらったことしか子どもにできません。過去、感情に寄り添われたことのない親が子どもに寄り添うには、

寄り添われる体験を得るしかないと考えます。

　分離中の子どもと会う時に感じる親の不安な気持ち、子どもに応えてもらいたい気持ち、子どもに求められたい気持ち、泣かれると不安で押しつぶされそうになる気持ちなどを、親の状態に寄り添いながら、その気持ちを無かったことにするのではなく、一緒に味わいます。

　誰かが一緒に支えてくれることで、親はその気持ちを自分のものとして体験できます。そして、自分の感情に気づきます。これらの実感が、子どもへの共感につながっていきます。支援者が親の安心の基地になることで、親は子どもへの探索（子どもの行動への関心、共感）が可能になります。親の安心の基地になれるよう親に寄り添うために、以下のことを心がけています。

- 親を観る
- 親の感情に気づく
- 判断や評価をしない
- 励ましや叱責をしない
- 感情を言語化（代弁）する
- 一般化しない（例「誰でもそうだ」などを言わない）
- 親の感情を一緒に味わう

　ただ、親の感情に寄り添いたくても、なかなか難しいものです。励ましたくなったり、批判的な感情が起こったり、しんどそうな様子につらくなったりします。支援者の気持ちについては、125ページで述べます。

2. 親が子どものアタッチメントを理解するために、働きかける

支える 親を支える	①親の不安や恐れを理解する ②親の安心の基地を探る ③親に寄り添う
働きかける **子どものアタッチメ** **ントへの理解を促す**	**①親の役割を伝える** **②子どもの観察を示す** **③養育への内省を促す**
つなげる 親と子の状態の理 解を共有し、支える	理解を共有し、連続性のある支援を目指す

　十分に親を支えたうえで、次に行うことが「親に働きかける」です。親自身がこれから子どもの育ちのためにできる親の役割を考え、自分にできることを選びとっていくよう働きかけます。

> ① 　**親の役割を伝える**
> 　　➡アタッチメントについて親と考える
> ② 　**子どもの観察を示す**
> 　　➡子どものアタッチメント行動や探索行動を親と観察し、子どもの欲求（ニーズ）を理解できるようにする
> ③ 　**養育への内省を促す**
> 　　➡不適切な養育や虐待について考える。子どもの安心の基地を作るためにこれから具体的にできることを一緒に考える

　子どもの視点に立つことは、とてもエネルギーの要ることです。特に、自らが厳しい育ちをした親の中には、子ど

もを観ることで、さまざまな過去の感情が呼び起こされ、より防衛的な反応を起こす人もいます。防衛を取り除くには、その状態を理解している伴走者が必要です。

① 親の役割を伝える

> **プログラムでの親のことば**
> Aさん 「親の役割ですか？ 食べさせる。しつけ。他にあるの？」
> Bさん 「自分の親は何もしてくれなかったからわかりません」
> Cさん 「なんか、特別なことをするのじゃあないってわかった。必要な時に支えるという目印はわかりやすい」

　親には「子どもの成長のためにお母さん（お父さん）ができることがあります。それを一緒に考えていく時間です」と伝えます。"子どもの成長のために親ができること"というフレーズは、多くの親が真剣な表情で聞いています。子どもも自分も傷つけてしまうという結果になった今からでも遅くない、親ができることがあると、はっきり伝えます。

　また、親自身にも"親の役割"について考えてもらいます。その中で親たちからさまざまな意見が出てきます。上記のBさんのようによくわからないと言われることもありますが、「僕は話を聴いてほしかった」「子どもが困った時に助けてあげること」「何かを一緒にしてあげる」など、自身の体験から子どもに"関心を寄せ、そばにいる"という親の役割の本質に迫るような言葉を聞くことができます。

プログラムではプログラムシート[*1]にある下のようなメッセージと共に、子どもにとっての安心の基地の話をしていきます。

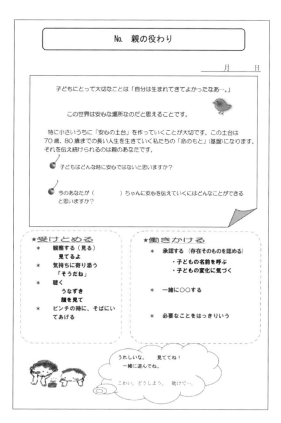

プログラムシートのメッセージ

子どもにとって大切なことは「自分は生まれてきてよかったなあ…。」

この世界は安心な場所なのだと思えることです。

特に小さいうちに「安心の土台」を作っていくことが大切です。この土台は70歳、80歳までの長い人生を生きていく私たちの「命のもと」（基盤）になります。それを伝え続けられるのは親のあなたです。

---

*1　CRC親子プログラムでは、上にあるようにテーマに即したシートを開発し、その親子に合わせて選択し、プログラムの親時間で活用している。書き込み式になっているものやテキストとして使用できる形式になっているものがある。

このように親の役割を説明するときには、子どもが生きていくために必要なこととしてアタッチメントについて紹介します。アタッチメントを説明する際には、プログラムシートを活用するだけでなく「安心感の輪（The Circle of security）」の図（次頁）を活用する場合があります。図はCOSプログラム[*2]を開発したPowellらによって作成されたもので、子どものアタッチメント／探索欲求についてや、養育者の安心の基地／安全な避難所としての役割について、養育者にもわかりやすいように図示されています（北川 2015）。「安心感の輪」の図は、養育者への支援に使う目的であれば、COSのwebからダウンロードして使うことが可能です。しかし、この図を活用する際には、しっかり内容を理解する必要があります。プログラムでは、COS-P[*3]の研修を受けてその内容を理解したスタッフが、養育者に対して、「安心感の輪」の図を用いてアタッチメントについて説明しています。

＊2　COSプログラム（the Circle of Security program）とは、アタッチメント理論に基づいた、乳幼児を持つ養育者へのビデオを用いた介入プログラムである。6人グループで週1回20回のセッションで行われる。心理教育的な特徴と心理療法の特徴を併せ持つ。子どものアタッチメント改善効果が実証されている（Hoffman et al, 2006）
＊3　COS-P（「安心感の輪」子育てプログラム）
COSプログラムのエッセンスを効果的に伝える心理教育用のDVD視聴と、ファシリテーターによる内省的対話を通して行われる全8回のプログラムである。日本では北川がCOS-P認定研修講師として、4日間のファシリテーター資格研修を行っている。ファシリテーターは養育者に子どもに安心感を与える関わり方を、技術としてではなく、子どもに共感しようとする態度として養育者に伝える（北川 2015）。こうした態度は親子への支援を行う際に支援者がとるべき態度でもある。

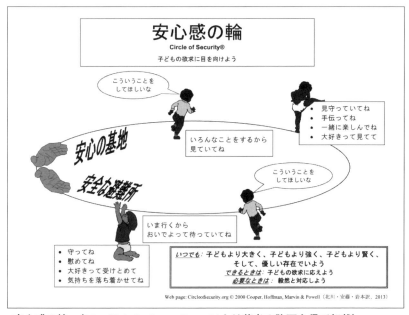

安心感の輪　(http://circleofsecurity.net/ より著者の許可を得て転載)
Web page: Circleofsecurity.org © 2000 Cooper, Hoffman, Marvin & Powell（北川・安藤・岩本訳、2013）

　　　図の左に描かれている両手は養育者である。子どもは安心感を持てば、養育者を安心の基地として外界に興味を持ち、探索を始める。(COSでは「輪の上半分」と呼んでいる)。探索をしている間も養育者からの見守りを求めている。そして、子どもは探索に疲れたり、不安や心細さを感じたりすると養育者を安全な避難所として戻ってくる(COSでは「輪の下半分」と呼んでいる)。下半分に居る時は、養育者に守ってもらったり、気持ちを落ち着かせてもらったりすることを求めている。そして、また安心感を得ると上半分に移行する。(北川 2012)

アタッチメントに関する説明をする

　親にアタッチメントを説明する時は、「危機や不安を感じる時に強くて大きな存在にくっつくことで安心感を得ようとする本能だ」と話します。子どもが不安や心細さを感じ、安全な避難所へ戻る（図の輪の下半分）行動が、養育者に近接を求めるアタッチメント行動になります。子どもは自分だけで不安な感情を落ち着かせることができず、大人の助けが必要です。このアタッチメント行動に気づき、応答し、気持ちを落ち着かせてもらえることで、子どもは自分の感情が調整できるようになっていきます。

　そして、プログラムシートなどを用いながら、健全なアタッチメントの形成（必要な時に人に頼れる）には、まず養育者が、子どもの欲求に気づくことが大切であると伝えています。また、健全なアタッチメントが形成されることで、例えば、自分には価値があると感じられる、人と喜びが共有できるなど、子どもにとってよい影響があることを強調します。

　これらの説明を聞き、子どもが不安な状態の時に、それを子どもの欲求と気づかず、やりにくい子だととらえて対応をしてきた自らの関わりは、不適切だったと語り始める親もいます。

　また、プログラムの序盤には、子どもが緊張して、送って来てくれた施設職員をじっと見る、離れないなどの行動がよくみられます。そのような子どもを見て「子どもは自分を避けている」と、傷つく親も少なくありません。それについても親には、アタッチメントの視点から説明をします。子どもが親に会いたくない、親を嫌いなのではなく、プログラムへの緊張や不安があり、どうしていいのかわか

らず、施設職員にくっついていることを解説します。そして、それは子どもにとって必要な行動であり、そのような欲求を表出できることがむしろ健全であることも伝えます。

探索に関する説明をする

　次に親には、養育者が見ていてくれるという十分な安心感があるときに、子どもは自らいろいろとチャレンジ（探索に向かうこと）ができるという説明をします（図の輪の上半分）。プログラムの後半では、親が落ち着いて見守っていると、子どもから「一緒に〇〇して」「見てて」ということが増えてきます。また、これまで親のペースに合わせていた子どもが「〇〇したい」と表現したり、自信もなく、遊びにも集中できなかった子どもが、遊びに没頭する様子も見られます。これについて、親が安心の基地として機能しているから、子どもが自発的に動き出していくのだと説明していきます。プログラムでの子どもの様子に注目したり、親子交流時間を撮影したビデオでその様子を確認すると、親は探索について実感を持って理解していきます。

　前述のCさんは、参加当初は「積極的に親が子どもをリードしたり、働きかけたり、教えたりすることが必要だ」と考えていました。プログラムでも、すぐに片付けを促したり、行動を制限したり、子どもの行動を評価するような関わりが中心となり、子どもの遊びは中断され、一緒に過ごす時間が苦痛にすら見えました。そこで、Cさんには「まずは落ち着いて子どもを見てみましょう」と伝え、スタッフと一緒に子どもを見守ることを体験していきました。

親の役割に関する説明をする

　こうしてプログラムシートや安心感の輪の図などの教材を活用しながら、子どもは自分では取り扱えない感情を受けとめ、落ち着かせてくれる大人の存在を求めていることや、自分の存在を評価せずそのまま見守ってほしいことを、プログラムで一緒に観察した子どもの様子を交えて伝えます。

　虐待や不適切養育を行った親たちは、表面的には「できてます」と言い、自信があるように見えても、本当の意味で、親としての自分に自信がありません。また、自分のこれまでの行為をどう扱っていいのかわからない状態です。そんな親に対し、以下のように話し、働きかけています。

　「子どもの欲求に気づき、応答する存在として、子どもの成長を支えること」という明確な親の役割を果たすには、今からでも遅すぎることはなく、子どものこれからの人生に影響すること、そして、決して一人きりで役割を果たすのではなく、誰かの支えを得て行うことができる、と親に伝えるのです。

　このように、この段階では虐待行為そのものではなく、子どもが健全に育つために親ができることは何かという点にフォーカスすることで、親は防衛的にならずにすみます。養育モデルのない親たちは、子どもの欲求（ニーズ）に応答するという一つの手がかりを持つことができるようになります。「自分は親から命令を受けて育ってきたから、それ以外の関わりがわからなかった。子どもにも感情があって、それに寄り添う意味がわかった」と語る親がいました。親として自分にもできることがあるという気づきは、親に希望を与えるようです。

② 子どもの観察を示す

> **プログラムでの親のことば**
>
> Dさん 「面会の時、滑り台で子どもが『見てて！』って私の方を見て叫んだんです。これがアレかと思いました。私が見ていると嬉しそうに何回も滑ってました」
>
> Eさん 「この子は、本当はもっと遊びたかったんだ。終わるのが寂しいのかも……」
>
> Fさん 「面会に行っても、自分の方には全然来なくて、最初は先生にしがみつくか、その後はひたすら玩具で遊んでいて……。でも最近は違っています」

　子どもの欲求に応答するという手がかりを持つことができるようになった親が、では、具体的にどのようにしたら応答できるかを一緒に考えます。

　これまでの面会では「今日は何した？」「おやつ何食べた？」「これは？」と、子どもに次々に質問し、まるで詰問のようになってしまい、子どもは離れていく……。あるいは、子どもの気持ちに全く気づかず、無視してしまう。子どもが赤ちゃんの場合も、強引におもちゃを押し付けたり、自分の都合で抱き上げて、赤ちゃんをとまどわせる。

　このように親は子どもに近づきたいのに、より遠ざけてしまうことがよくあります。

　どのようにしたら、子どもの欲求（ニーズ）に気づけるか、応答できるか、具体的にできることを親に提案していきます。まずは子どもを観察することからです。

子どもを一緒に観察する

　親が子どもに応答できる存在になるために、まず、子どもを観ることを一緒にしていきます。スタッフと一緒に親子交流時間のビデオを見ている親は、「子どもが車で遊んでいたとき、自分がそれを見て『それ大きな車だね〜』と言うと、子どもは私の方を見て、持っている玩具を渡してくれた」と、子どもの状態と自分の応答性が関係することを発見することがあります。そこで、子どもの欲求に応答している親と子どもの関係性を見つけ、承認したり、親にフィードバックをします。上記のDさんは、その体験をプログラム以外でも発見しました。子どもは新たなことをやろうとして（探索中）、その時は自分に見ていてほしいのだと実感でき、自分が見ていると、次々にチャレンジしていくことに気づきます。

　プログラムでは、子どもがどんな状態かをしっかり観察し、子どもはどんな気持ちなのだろうと、親と共に考え、想像するよう親に寄り添います。そのようにして、ガイドとなり、親が子どもの気持ちに寄り添う体験を共有します。

　前述のEさんの子どもA君は4歳。かなり活発で手を焼く子どもです。しかし、肝心な場面では感情表出が乏しく、気持ちがわかりにくい子でした。普段プログラムの前半では、スタッフは「○○したかったけど、できなくて悔しかったね」「足の上に玩具が落ちてきて痛かったね。ママ（パパ）に見てもらおうか？」などと子どもの気持ちを代弁したり、行動を描写して親に伝えます。A君は痛いことがあっても、一瞬黙るだけで何も表しません。Eさんも全くその様子に気づきません（普段からA君は、助けを求め

ない状態でした）。毎回A君の行動を観察しながら、行動を言語化し、A君の欲求を代弁します。A君は、親子交流時間が終わりに近づくと、少し不機嫌になったり、逆にテンションが高くなって、隠れたりします。それに対してEさんは「最初は、この子って一体どうなってるの!?　と思っていたけれど、この子はもっとここにいたい気持ちなんだ」と、後半になり、A君の欲求がわかるようになります。「この子も本当は、もっと遊びたかったんだ。終わるのが寂しいのかも……」と気づいたEさんです。

　次のFさんも、子どもをこちらに向かせようとするのではなく、探索を見守るようになると、少しずつ子どもが自分を振り返るようになり、そして「見てて」「できた！」と子どもから自分の方にやって来ることを体験します。

　また、言語でのコミュニケーションができない赤ちゃんの場合、親はケア以外の関わりにとまどいます。そこでまず、子どもの表情や声、動きなど言語以外での感情や欲求の表出に注目してもらうよう親に働きかけます。それから、子どもの声やしぐさを真似る、応答するなどのモデリングを行います。また、ビデオ教材、表情カード等も活用します。そのような具体的な体験によって親は、子どもを観察する視点を少しずつ獲得していくのです。

親の感情調整（気持ちを落ち着け、感情を整えること）をする

　このようにして、子どもを観ることを親と一緒にしていくのですが、そのためには、親が子どもを観られる状態になる必要があります。目の前の子どもを観ているのに、親

の過去の体験が邪魔をして、今の子どもを平静に観ることができないのです。例えば、親は泣いたり、困った行動をする子どもについて次のような気持ちだと語ります。

- 子どもは泣いて自分の欲求を通そうとする
- 甘い顔を見せるとどんどん、調子にのって、なめてくる
- 私がだめといったら、この子の心に傷をつける
- 先生は泣きやませられるのに、この子の泣いている理由がわからないなんて、やはり、私はだめだ

　これらの気持ちには無力感や恐れが見えます。子どもの困った状態は、自分の子ども時代や養育者を想起させて、親を落ち着かなくさせています。子どもが泣いたり、困った行動をすると、親はこのような気持ちに圧倒されているので、子どもを観るより、早くその行動を止める方法を知りたがります。
　そこで、親に「子どもの行動には意味があり、サインです。自分の感情をうまく伝えることができないため、行動で表しているのです」「子どもが言いたい気持ちは何だろう？」「本当は何をしてほしいのでしょうね」などと伝えながら、親にとって困った行動をする子どもを一緒に観ていきます。
　しかし、子どもの状態をしっかり観るために、親には感情調整（気持ちを落ち着け、感情を整えること）が必要です。また、親が、子どもの状態と関連している自身の気持ちを意識するためにも必要です。親の気持ちは以下のようです。

- 泣かれると、ざわざわする
- 本当につらい、いや
- 自分がまるで責められているみたい

　親の感情調整を行うには、こういった気持ちを聴いたり、代弁したりしながら、親と共にその気持ちを感じます。このような親の気持ちを感じて認め、受けとめます。その中で徐々に、親は子どもの欲求を推測し、自分を困らせるためでなく、サインだと知るのです。プログラムではこのように親の感情調整をし、子どもの観察を一緒に行うことを繰り返します。

　なお、親が過去の体験が邪魔をして、今の子どもを平静に観ることができないのは、泣いているなど困った行動する場合ばかりではありません。子どもの探索行動を観る時に、落ち着かない気持ちになる親も少なくないのです。その時の親の気持ちは次のような言葉で表されます。

- 自分が子どもだった時は、こんな自由に遊ぶなんて許されなかった
- 私と遊ぶより、おもちゃのほうがいいのね
- いろんなおもちゃに興味があるのは、集中力がないからだ

　こういう時も子どもの気持ちを代弁したり、推測するように親に働きかけながら、親と共に子どもを観ていきます。そして、その時に起こる親の気持ちも一緒に感じて認め、親に寄り添い、親の感情を調整します。親が子どもを観て、

寄り添うことができていくよう、ここでも親の安心の基地になるよう心がけます。

安心の基地になるためのステップ

　これまで述べてきたように、子どもの欲求（ニーズ）が全然わからないと思ったり、泣いたらどうしたらいいか困惑したり、自分を困らせる子どもと感じるなど、子どもを目の前に立ち尽くす親たちに必要なのは、子どもの行動の原因を突き止め、なんとかそれをやめさせようと必死になることではありません。必死になればなるほど、その状況に子どもは不安になります。まずはその時の子どもを観察し、気持ちにフォーカスし、寄り添うことで、子どもが少しずつ落ち着いていくことを体験することが、親の自信になります。

　その体験をするために、プログラムシートや絵を使い、親に以下のようなプロセスを説明します。そして親子交流時間で、親はこのプロセスを試み、体験します。

---

① まず子どもをよく観る
② 子どもの気持ちを想像する
③ 子どもの気持ちを代弁し、子どもの行動を言葉にする

　親がこのような体験を重ね、子どもを観るようになると、子どもの欲求（アタッチメント行動や探索中で見守ってほしい）を発見できるようになります。そして、発見した子どもの欲求をスタッフに伝えることがあります。それは子どもと自分がつながった瞬間の体験であり、そして、親は

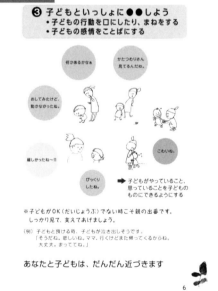

CRC作成の「安心の基地になるためのステップ」
『あなたからの贈り物』p. 5, 6 より

そのことを誰かと共有できると、子どもの存在に自分の関わりが必要であることを実感します。親がこの観察の視点を持つことが大切なのです。

親の状態を見極める

　ただ、親の中には、情緒的な課題だけでなく、病気や障害の影響を受け、認知機能に課題のある人もいます。本人は一生懸命見ているのですが、子どもがいろいろなサインを必死で出しても、あまり見えない、気づかない場合があります。また、親子交流時間を撮影したビデオを一緒に視聴しても、子どもの表情やサインを取り違えることもあります。そのような場合には、親の課題の特徴を踏まえ、教材等を活用しながらその親が理解しやすいよう子どもの欲求の説明を行い、推測を促すように解説します。そうやって、子どもにとって侵入的な行動や不可解な行動を少しでも減らすよう努めます。

子どもはストレートに欲求を出しているか？

　また、子どもの状態もさまざまです。虐待を受けた子どもは、欲求をわかりやすく、ストレートに出すことができません。欲求を全く出さなかったり、激しい怒りや行動で表し、問題行動のように見えるなど、子どもの内的作業モデルがすでにできあがっている場合には、支援者はまず、子どもの日常的な安心の基地を確保することに意識を向けなければなりません。

③ 養育への内省を促す

> **プログラムでの親のことば**
>
> Gさん 「A子は私の嫌がるようなことばかりした。自分が子どもの時はあの子よりずっと頑張っていたから、A子はなんてわがままなんだと思っていた。けど、自分も小さい時、本当は寂しかったし、甘えたかったのかもしれない。あの子が泣いたり、無視したりするとどうしていいのかわからなくて……」
>
> Hさん 「子どもを児童相談所に奪われて、すごく腹がたって寂しかった。けど、今になったら、子どもを預かってもらってよかったと思う。あの時、自分のことでいっぱいいっぱいだった。今もまだ本調子ではない、子どもが学園でのびのびしているのを見ると、寂しいけど、しばらくは預けているほうがいいかもしれない」
>
> Ｉさん 「子どもが玩具で遊ぶと寂しかった」

　親が子どもを保護されたり、児童相談所や関係機関と関わるようになるには、それぞれ理由があります。何が起こったから、子どもと分離を余儀なくされ、今こうしてプログラムに通っているのか。あの当時、自分はいったい、どんな状態だったかを親と共に見ていきます。

　改めて、これまでの自分の行為が子どもにどう影響を及ぼしていたのか？を、子どものアタッチメントの視点に注目し、親と一緒に考えます。自分の養育への振り返りです。子どもはどんな欲求（ニーズ）を持っていたのか、自分自身はどのような状態だったのかを考えるのです。

前述のGさんは次のように言いました。

「A子が食事中にコップの水をこぼしたので注意したら、『マル（犬）がした』と明らかにわかる嘘をついた。前から注意していたにもかかわらず、私の言うことを無視したうえに、騙した。それで、謝らせようとしたのに、私の目を見ないし、謝らない。とっさに思い切り突き飛ばしたら、テーブルで顔を強く打ってしまった。子どもからバカにされてると思った。A子は私の言うことを無視することがある。この日、バイト先で、店長から『何度も言わせるな』と私は注意されていた」と。また、「無視されると、この子もまた私をバカにするのかと思い、とても傷ついた」と当時の状況を振り返ります。

そして、Gさんはその時の気持ちに寄り添われ、感情調整をされて、少しずつ子どもの視点に立つようになると「A子はきっとわざとしたのではなかった。叱られて固まっていたと思う。とても怖かったんだろう」と、実感を伴ってその時の子どもの状態を推測します。そのようにして、子どもへの関わりを内省し、また自身の状態によって子どもの欲求に気づいたり、気づけなかったりすることを考えます。それは、自らのアタッチメントの状態を見ていくことにもつながります。

また、Hさんのように、保護した児童相談所や通告した学校や保育所などに怒っていた親が「子どもと離れたから、あれ以上傷つけずにすんだ、あのままだったら危なかった」と話すことも少なくありません。

「早く子どもを返して！」と何度も強い要求を出していたIさんは、当初は自分とより、玩具で遊ぶのを喜んでいるように見える子どもを見て、さらに不安が強くなり、引

き取りを強く希望していました。しかし、子どもと会うことを重ね、子どもの状態（のびのびとさまざまなことにチャレンジしている。担当の職員にわがままを出している）を知り、自身は病気でしんどいのに、寂しいからと無理やり連れ戻しても、子どもの安心の基地になれず、子どもの成長を支えることができないと感じます。もうしばらく、施設に助けてもらい、子どもを一緒に育てたいと話すようになりました。そして、定期的に面会に行き、子どもとはしっかりつながっていたいと願います。

　内省をするのは、簡単ではありません。しかし内省は、子どもにとってよりよい選択をする、という親の役割を果たすことにつながっていきます。子どもには施設だけが安心の基地で、自分には役割がないと語る親には、「安心の基地はひとつだけでない。子どもには複数の安心の基地があり、その基地同士がしっかりとつながっていることが、

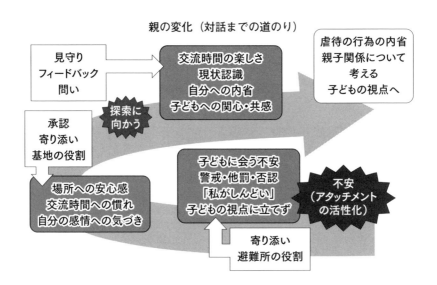

子どもがより健全に育つために必要で、そうするとさらに強固な基地になる」と説明しています。

　自分が安心の基地になれない時は、子どものために、別の安心の基地を確保することも大切な親の役割です。

　プログラムの終盤になって、虐待の事実について、改めて何があったのか？　それを自分がどう認識しているか？　ということを話す時間が持てます。それは、信頼関係ができてきた中で、やっと行うことができると感じています。親だけではなく、スタッフにとっても、親の言葉をそのまましっくり受け取る準備ができるのに、それぐらいの時間が要るのかもしれません。

　また、親の内省を一緒にたどっていると「自分が子どもの安心の基地になるのに、自分も誰かに助けてもらわないといけないんですね」という気づきを聞くことができます。

　虐待の事実への振り返りを踏まえて次に、これからの親自身の安心の基地は誰なのかについて話題にしていきます。

離れて暮らす親が、アタッチメントの対象（安心の基地）になれるのか

　「日常の養育者である施設職員や里親が子どものアタッチメント対象になっている中で、果たして時々面会に来る親が、子どものアタッチメント対象になれるのでしょうか？」

　よくいろいろな方に尋ねられる質問です。

　親が次の3つを持つことで、子どもの親への心象は変化していき、子どもは少しずつ親と喜びを共有できるようになり、また、親に恐れや不安を出していけるようになります。

> - 安定性：「〜な時には、対応してくれる」という予測が可能であること（定期的に会える　約束を守る存在）
> - 感受性：子どものサインをキャッチできること
> - 応答性：子どものサインに適切に応えること

　限られた関わりの中でも、この関係は子どもの自尊感情を高めるために親ができる大切な役割で、この関係があることで子どもの安心の基地になり得るのだと、親に説明しています。

　そして何よりも、時々親が面会に来ることは子どもにとっては大変重要なことです。親が自分を忘れていない、ちゃんと心配してくれていることを確認できるからです。その積み重ねは、量的な関係は少なくても、質的な関係を補強していきます。

第3章 CRC親子プログラムにおけるアプローチ

3. 支援者間で親子への理解を共有し、継続的に支える

支える 親を支える	①親の不安や恐れを理解する ②親の安心の基地を探る ③親に寄り添う
働きかける 子どものアタッチメントへの理解を促す	①親の役割を伝える ②子どもの観察を示す ③養育への内省を促す
つなげる 親と子の状態の理解を共有し、支える	理解を共有し、連続性のある支援を目指す

　支援に特効薬はありません。親子の成長発達は行きつ戻りつです。ですから、親子への支援が継続するように働きかけます。親が失敗することが許され、あきらめずに頑張れるように支援する、親子を支える継続的な支援が不可欠です。

　自身の支援の限界を知りながら、支援の連続性を具体的にイメージします。支援者間で親子への理解の共有と連続性を担保していく必要があります。

　プログラムに紹介される親は、しつけ方などの養育力が不足していると見られ、それまでにも養育スキルを身に着けるような支援がなされたが、なかなかうまくいかなかったと考えられています。これまでに述べてきたように養育スキルに限らず、さまざまな働きかけが親に届くためには、親が子どもをどうとらえているのか、子どもと親はどういった関係なのかをアタッチメントの視点に基づき理解し、親を支える段階が必要です。

　また、今後の支援の方向性を考える時にも、これらの視点に基づき親子を理解し、支援者間でその理解を共有し、

連続性を目指す必要があります。

　長年、養育者の心理治療にたずさわっている支援者も次のように話しています。

　「変化が持続的なものになるには、アタッチメントを重視する養育姿勢を知っており、その大切さを尊重するようなアタッチメントネットワークに養育者が関わっていることが必要である」(バート・パウエル　2011)

理解を共有し、連続性のある支援を目指す

プログラムでの親のことば

Kさん「春にあの子を引き取ったら、幼稚園に入園させます。でも、児童相談所の担当の人は、保育園に入れたほうがいいっていうんです。おばあちゃんが保育園入園には反対するので、私、困ります。おばあちゃんは相談できる人じゃないし」

Lさん「今月、このプログラムが終わったら、その後は、Aのいる施設で面会していくことになりました。それで、来月、児童相談所の△△さんと一緒に施設に行きます。駅で待ち合わせるんですけど、初めて乗る路線で、準急と区間急行の違いがわからなくて。〇〇学園に行ったことありますか?」

　プログラムの後半では、親子の今後について話題にします。そこでは、親子それぞれの今後の安心の基地について一緒に考えます。また、プログラムと並行して、児童福祉司が子どもの処遇について親と面接を行っている場合は、面接内容について語る親もいます。

　Kさんは、プログラムの終了後の年度末に子どもを家庭

に引き取ることについて、担当児童福祉司と何度か面接をしていました。その面接で保育園を勧められたことを話すうちに、Kさんは、子どもを引き取ってから困った時にどこに相談しようか、施設にしてもいいのだろうか、児童相談所はこの後も自分たちをみてくれるのだろうかと不安になっていることがわかりました。そこで、どこに最も相談したいのか、どんな相談を想定しているのかなどを話し合い、次回の児童福祉司との面接ではどのようにそれらを伝えるかについて一緒に考えました。

　なお、プログラムでは、最終回に担当児童福祉司に同席を求め、親と一緒にプログラムを振り返っています。その場でも、振り返りだけでなく、親の今後の安心の基地について意識をします。ある時は、親の代弁者となって、今後の子どもの処遇についての親の考えや不安を伝え、ある時は、児童福祉司との面接に関する希望を言う親をサポートします。

　次に、プログラムが終了した約3か月後には、フォローアップを行います。そこでは、親にプログラムを思い起こしてもらい、プログラムで感じたこと考えたことを再度意味づけるのですが、ここでも、親の今後の安心の基地を作る手がかりとなるように配慮します。

　プログラムの終了後しばらくで子どもが家庭に引き取られる場合には、家庭を訪問して、フォローアップを行います。そして、これからの生活について親の考えや思いを聞く中で、今後の安心の基地について知り、親の了解のもと、児童福祉司にフォローアップでの親子の様子を報告します。

　プログラム終了後も子どもの入所が続く場合、施設の協力を得て、施設でフォローアップを行います。そして、今

後の面会について、連絡方法や面会のあり方など親の希望や施設の都合を出し合い、話し合ってもらいます。また、プログラムで親子が楽しめた遊びなども紹介します。親によっては、最寄駅から施設まで一緒に歩いて、道順を説明し、次に来るときの交通機関を確認します。

　前述のLさんは、プログラムに参加する前は、担当児童福祉司の立ち会いのもと児童相談所でAちゃんと面会をしていて、その後は、プログラムでAちゃんと会っていました。そして、プログラムの終了とともに面会の場所が、Aちゃんの暮らす施設へと変わることになりました。Lさんにとって施設で面会ができることは、Aちゃんに近づいたように感じて嬉しく、また、これまでの自分の様子を認めてもらったともとらえていました。ところが、初めて施設に行くとなると、面会に持っていけないものがあるのか？など不安に感じることやとまどうことがたくさん出てきました。もちろん、担当児童福祉司も施設のパンフレットに線を引いて説明してくれたり、質問はないかと尋ねてくれます。しかし、すぐに質問は思いつきませんし、あまり細かいことを尋ねると神経質な親と思われるのではないかと考え、大丈夫ですと言いました。交通機関の話からそんな気持ちがわかったので、施設の協力を得て、フォローアップを施設で行い、Lさんが施設に2回目に行く日がフォローアップとなるようにしました。また、Lさんの了解を得て、交通機関をはじめ、Lさんの不安な気持ちについて児童福祉司に伝えました。

子どもの安心の基地について共有する
　支援の継続性を考えるにあたり、もちろん親だけでなく、

現在や今後の子どもの安心の基地についての理解を支援者間で共有します。子どもにとって、必要な時に施設の職員（里親）にニーズを出せているか、親にはどうだろうかと一緒に考えます。

子どもが家庭で生活するようになる場合、子どもの安心の基地の保障について、以下のような視点での理解の共有をします。

- 子どもは親をどうとらえているか
- 親は子どもをどうとらえ、どのくらい子どもの視点に立てるか
- 親の状態についてのモニタリングとサポートはどのようにするか
- 自身の状態に対する親の自覚はどのくらいか

また、子どもの入所が継続する場合、児童福祉司や施設の職員と共有しているのは、以下のようなことです。

プログラムでは、親に対し「子どもが成長していくために、施設の職員は必要不可欠な存在であり、安心の基地になってくれることでより健全に発達できている。あなたが子どもの気持ちを支え、寄り添いたいと思って面会を続けていることは、もう一つの安心の基地を作っていることを意味し、子どもは2つの安心の基地に支えられて、健やかに成長できている」と話していること。また、親が子どものために、施設や里親という安心の基地の存在を認め、施設や里親とつながっていることを承認していること。そして、施設や里親は一時的な安心の基地となっているが、親は子どもの生涯にわたる安心の基地になる存在であるとも

伝えていることを共有します。

子どもが誰を参照しているかを共有する

　入所中の子どもは、自分の安心の基地である施設の職員が、親をどうみているのかを敏感に感じとります。子どもと親とが関係を作っていく際に、子どもに近い大人が親に近寄り、この人は大丈夫という感覚を持てると、子どもがより安心できるようになります。そのためには、親を観察し、親の特徴を知って声をかけ、親しくすることが必要です。施設職員が緊張していると子どもも一緒に緊張しますし、リラックスしていると子どももリラックスします。ここでもアタッチメントの視点に基づく親子への理解の共有が大切になります。最近では、アタッチメントの視点が少しずつ児童養護施設、乳児院等で共有されるようになり、子どもにとっての安心の基地である職員が、親との面会場面に同席し、親への橋渡しをしていくことが行われるようになってきています。

失敗したときに「利用可能」な支援者であること

　ある障害者施設で、排泄を失敗したときに、すぐに頼ることできるスタッフが利用者にとって最も信頼関係ができているスタッフである、という話を聞いたことがあります。

　親子への支援も同様です。失敗したときに、もう一度相談するのは、まさに親のアタッチメント行動で、支援者にとっては、親がピンチの時に頼ってもらえるということです。親の変容はすぐには起きません。失敗しつつ、動けない時期もありつつ、しかし、やり直したいと再度歩みだし……と、一直線ではなく、行きつ戻りつの螺旋を描きなが

ら変容していくと感じています。

　親子に今後いろいろなピンチがあっても"利用可能な支援者"がいることをどう保障するのか、を親子に関わる支援者同士で共有していきたいと考えています。

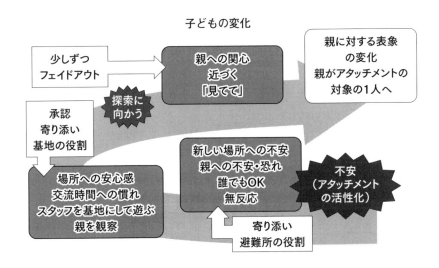

子どもの変化

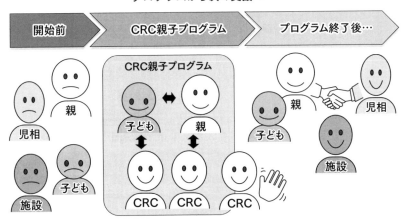

プログラムから次の支援へ

3 バイオグラフィーワークに基づく視点
親、そして子どもの人生に関わるということ

　バイオグラフィーとは一般的には「伝記」として知られていますが、「人生の軌跡」とも言いかえることができます。伝記が書かれる偉人でなくても、すべての人、一人ひとりに誰とも比較できない生きた軌跡があります。支援者は親子とは点でしか出会いませんが、その親子の人生はこれからも長く続きます。30歳の親はどんな風に生まれ、育ち、どのような子ども時代を送ったのか。子どもを傷つけてしまったその行為に至ったこの人の育ちには、どんな背景があるのだろう。そして、5歳の子どもにも同じく人生の軌跡があります。どんな風に生まれ、誰に喜んでもらい、ケアしてもらってきたのか。

　プログラムでは、まず親と子とそれぞれの人生に関心を向け、想像し、今ここまで生き抜いてきた生を尊重します。そして、これから続く人生の中で、今はこの親子にとって

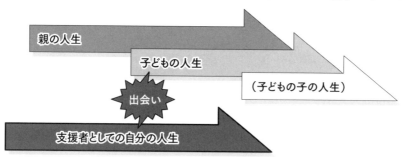

どんな時期なのかを考えます。その上で、厳しい環境の中、生き抜くことができたのは、どんなリソース（力や可能性）があったのかをプログラムを通じて一緒に探究していきます。

バイオグラフィーワークの視点に基づいて、プログラムでは、以下の3つを大切にしています。

現在 （1）親子の今（ここ）を尊重する

過去 （2）過去のリソースを発掘する

未来 （3）未来への希望を共に持つ

バイオグラフィーワーク
　バイオグラフィワークは、自分の軌跡をシュタイナーの7年周期の考え方に基づいて見ていくワークです。シュタイナーは人の成長発達は7年ごとにあるとして、それぞれの時期で人がどのように成長し、何が必要かを示しています（次ページの表を参考）。虐待を受けた子ども、そして虐待をしてしまった親は厳しい過去を背負っています。それぞれかけがえのない人生の軌跡があります。しかし、親が自分の記憶に蓋をして、過去をなかったことにすることは、自身の人生を否定することです。それでは親が過去から学ぶことができません。親が過去に何があったかを知り、親自身がこれまでの自分を認めると、自分で虐待の連鎖を断ち切ることができると考えます。

成長発達のフェーズ表

年齢	その時期の大切なテーマ	キーワード
0-7歳	からだがもっとも育つ時期 生きていくための「意志」が育つ時期（この世界は**善い**ところだと知る） 全身が感覚器であり、あらゆることがフィルターを通さず入ってくる ⇒大人が子どもに安心安全の基地を作っていくことで、子どもが「保護してもらえる」という人への「信頼感」を作っていく	「**からだ**」が成長する時期 「**受け取る**」
7-14歳	「感情」が育つ時期　美しいものを感じる 9歳前後に他者との違いを意識しはじめる	〜楽器づくり〜
14-21歳	「思考」が育つ時期 理想像への目覚め・**真実**を求める感覚と健全な批判精神を育てていく	
21-28歳	社会に出てさまざまな世界に出会い、自分を知る 人との「**関係性**」を育てていく時期	「**こころ**」が成長する時期
28-35歳	人生を組み立て、地にしっかり根付く時期 「**構築**」のプロセスが始まる 自分の居場所や家族を築いていく　他者との深い人間関係を作っていく時期	「**受け取る**」ことと「**与える**」ことの中で自己成長する
35-42歳	人生の折り返し時点で、「このままでいいのか」と本来の自分を探し求め、人生の意味に根源的な「**問い**」を持つ時期 より本質に向かって生きていく時期　新たな価値観を模索	〜練習の時期〜
42-49歳	成熟に向けて「**葛藤**」する時期　自分の道に向かう時 発展可能な能力を伸ばし、経験で得たことを若い人に伝える	「**人間として成熟する**」時期
49-56歳	「**創造**」する時期 これまで得たことを実りにしていく時期　本来の心の声に耳をすます	「**与える**」 いかに与えられるか
56-63歳	「**本質**」に向かう時期 人生を振り返り、洞察を深める	〜演奏の時期〜
63歳−	自分の人生の実りを世界に贈り物として差し出す（叡智の輝きを放つ）	

（注）7年ごとの区切りはあくまで目安で一人ひとり異なります。
この表は、近見冨美子（バイオグラフィーワーカー養成コース www.biographywork.jp）の内容をもとに樋原（2009）、瀧口（2010）の成長発達の記述を参考にして作成しました。

また、同時に支援者としてのスタッフも自分の軌跡を見ていきます。そして、自分の軌跡を見ていく時に、そばで自分に関心を寄せ、軌跡を見ている作業を共有する人がいると、自分への理解と他者への理解が深まる実感を持ちます。

近見は以下のようにバイオグラフィーワークを日本に紹介しました。

「……人は日々誰かに出会い、経験を共有します。何かに心動かされ、また様々な思いが心を満たします。このような私たちの日々を織り成す、数え切れない瞬間—経験が、私たちのバイオグラフィーに新たな彩りを加えてゆきます。強い印象を残す経験はもちろん、魂に一瞬光を投げかけ、あるいは影を落として過ぎ去って行く小さな出来事。そのどれもが私たちの生の貴重な宝物であり、隠れたガイドなのです。バイオグラフィーワークは私たちの人生のそこここにうずもれている宝物を掘り起こし、自分自身の経験に学ぶ自己教育のプロセスだとまず紹介したい」(近見　URL www.biographywork.jp)

どんな厳しい人生でも過去にはリソース（力や可能性）があるはずです。また、自分を知ることが相手を理解する助けになると以下のように樋原も述べています。親という立場でいうと、自分を知っていくことで、子どもを理解していくことになります。

「バイオグラフィーワーク：人生の軌跡（バイオグラフィー）を振り返り、整理することで、現在自分の立っ

ている位置を確認し、人生の意図を見出すことが可能になる。そして自分のバイオグラフィーに取り組むことで、自分を客観的に知り、他者を理解する助けになる。その学びの作業と過程をバイオグラフィーワークという」（樋原 2009）

> **ライフストーリーワーク**
>
> バイオグラフィーワークと近いものに、ライフストーリーワークがあります。これは社会的養護にある子どもたちを対象に行われるという点において、異なります。
>
> イギリスで始まったライフストーリーワークは、大阪の児童相談所や児童養護施設等において実践が蓄積されています。以下、大阪ライフストーリー研究会冊子より紹介します。
>
> 「保護者の疾病や離婚、虐待など、さまざまな理由で子どもは施設入所や里親委託に至っているが、そこに至った事情や家族の状況などについて、十分につかめないまま過ごしている子どもは少なくない。これら社会的養護の下にいる子どもたちの日々の生活やさまざまな思いに光を当て、自分は自分であっていいということを確かめること、自分の生い立ちや家族との関係を整理し（空白を埋め、輪郭をつかむ）、過去と現在、未来をつなぎ、前向きに生きていけるよう支援する取り組みがLSW（ライフストーリーワーク）である」（才村他 2015）

1. 親子の今（ここ）を尊重する

現在に出会う	①目の前の「生」を尊重する ②親子の体験を共有する ③成長発達の視点で今をみる
過去の探索	①リソース（力や可能性）を探す ②自分の子ども時代からの学び
未来への橋渡し	子どもの未来、自分の未来

　出会う親子には、いろいろな事情があります。目の前のその親子をまず、観察します。どんな顔、姿勢、体型、服装、声、話し方、視線か……。その子、その人を後から心の中で描写できるようなイメージでとらえます。そして、想像します。ここにどうやって来たんだろう。昨晩はよく眠れたか？

　"現在の親子"に出会うときの視点は次の３つです。

> ① **目の前の「生」を尊重する**
> ➡子どもと親の歴史に思いを馳せる
> ② **親子の体験を共有する**
> ➡共にした体験を残す
> ③ **成長発達の視点で今をみる**
> ➡子どもや親が人生の中でどのような時期なのかを考える

① 目の前の「生」を尊重する

> **事前説明やプログラムでのことば**
>
> A児童福祉司 「保護したとき、２歳のBちゃんは言葉を発せず、笑顔もなく、表情もうつろに見えました。お母さんは当時、お父さんから暴力を受けていて、Bちゃんが泣くと暴力がよりひどくなるので、Bちゃんをともかく泣かせないよう、泣かせないようにしてきたと言われてましたね」
>
> Cさん 「母は自分が小さい頃家を出てしまいました。だから、自分がきょうだいの食事も作ってました。保育園の時にはもう、ご飯を炊いていました。小学生になると、兄たちが暴力をふるい……、家に帰るのが怖かった。あの子を妊娠した時、誰にも言えず、ぎりぎりになって病院に行きました。もう生むしかないと……。出産は一人でしました」

　親と出会った時、「この人は〇〇な人だ」「きっと△△に違いない」とすぐに判断して決めつけたり、時には裁きたくなりがちです。特に、虐待というリスクを抱えている親子に最初にすべきことはリスクアセスメントである、と叩き込まれているからです。確かに、そのことは子どもを守るために最優先になされるべきです。しかし、支援者として親に伴走するには、いったん自分の判断を保留にして出会わなければ、その人との本当の出会いを遠ざけることになります。

　子どもについても、ここに至る経過、どんな風に生まれ、どのように１日を過ごし、どんな虐待を受け、そして入所

になったかというこれまでの日々に心を置き、今ここで出会う子どもの心象を推察します。例えば、以下のような視点から行います。

- どんな誕生か。彼、彼女の存在が大切にされた瞬間は？　どんな傷つきの体験があって、今ここにいるのか
- 毎日、どんな１日を送っているのか
- 誰とどんなふうにつながっているのか
- どんなことが好きなのか（遊び　食べ物など）

　先述のＢちゃんは今、生活している施設で他の子どもたちとうまく関われず、扱いにくい子どもとしてとらえられています。生まれた時からずっと、自分の欲求を出すと怖い結果につながると認識し、その結果、だんだん自分の欲求を出さないようになり、それで他者とつながる経験が乏しく、言わば人とつながる回路のようなものがうまく機能しなくなった状態かもしれません。このようにＢちゃんをとらえるには、その育ってきた日々を知り、その心象を推察することから始まります。
　また、Ｃさんは妊娠を誰にも話せず、出産も一人で迎えました。その背景には過酷な生活を強いられた子ども時代があります。そして、子どもを生み、母となり、自分はちゃんと子どもを育てたかったという思いでここに居ます。プログラムの開始時には、Ｂちゃんも、Ｃさんも"難しい子""難しい人"として紹介されましたが、その見立てをそのまま受け取るのではなく、保留にして、出会っていかなくてはなりません。

目の前にいる子どもや親……。その人生は一人ひとり異なりますが、共通するのは過酷な子ども時代を生き抜いてきたということです。そういう子どもと親に、偶然に出会うことになったのですが、その出会いを意味あるものにしていきたいと考えます。

　親子の立ち居振舞い、視線、表情、姿勢、口調。それら、その子、その人の"今"は過去からつながっているのです。過去をみることで、今の「生」を尊重できるようになります。

② 親子の体験を共有する

> **プログラムでの親子のことばや様子**
>
> Dさん「いろいろ教えてもらうというより、一緒に子どもを見てもらう、まあ、横にいてくれる人たちだね」
>
> Eさん「仲のいい友だちにも、施設に預けてる子どものことは話せない。ここ以外誰にもあの子のことを話すことなんかできない」
>
> Fちゃん　1歳4か月のFちゃんは、父がじっと見ると固まっています。でもじっと息をのんで父を見ます。じっと見た後でふーっと肩で呼吸をしています。
>
> Gちゃん「ママと一緒に作ったやきそば美味しかった。またママに作ってほしい」

　Dさん、Eさんには、プログラムがどのように感じ取られているのかを教えられました。Fちゃんは全身を使って父に会っています。その様子を父と一緒に見て、Fちゃんの心を父と共に推察します。Gちゃんはプログラムで母と一緒にした体験をとても喜んでいて、何度もこのように

語っていました。

　プログラムの、特に親子交流時間では、親も子どももまず、楽しい、心地よい、という感覚を共有できるように意識します。心身全体の感覚です。親子が一緒にいて楽しい、心地よいと感じている、そのことをスタッフも共に感じます。

　しかし、親子とともにいると、それ以外のいろいろな感情も動きます。子どもの不安な気持ち、親の心細い気持ち、それも親子と共に感じ、共に体験します。一人では抱えきれない思いも、一緒にそれを分かちあう人がいると乗り切れることは、誰もが体験していることです。限られた時間や空間であっても、親子が少しでもそれを実感できる場になればと心がけています。そして、このことが未来の親子のリソースともなっていくのです。

　また、この体験は親子に一方的に与えるものではなく、相互に起こるものであり、スタッフも自らのバイオグラフィーを持ち、親子に出会っていることを意識しなければなりません。技術や知識を超えて、同じように悩みを持ち、生きている人間として、親と対等な関係にあるのです。スタッフにも親子との体験が心身に残り、自らの力となっています。

　プログラムで共有する体験には、例えば以下のようなものがあげられます。

- 子どもに大泣きされて、母が子どもに触れることさえできなかった場を共有する
- 子どもが、施設の職員と手をつなぎ去っていく姿を親と一緒に見送る

- 親子と一緒におやつを交換しながら、楽しく食べる
- 子どもが親の姿をみつけて、走ってきた様子を喜ぶ
- 「行ってみたい場所」や「好きなこと」を親と共に語り合う

なお、プログラムで、親子が一緒にいる場面を撮った写真を親子それぞれに渡すことがあります。共に過ごした記録として同じものを双方が持つことに意味があると感じています。

③ 成長発達の視点で今をみる

関係者やプログラムでの親のことば

N先生（施設職員）「考えてみたら、Aちゃんの母はまだ20歳なんですね。17歳でこの子を産んで。思春期の人ととらえてみます」

Oさん 「この子はまだ、小さくて何もわかってません。今はただ、お金さえあれば、食事をあげて、子どもは勝手に育つと思う。大変なのは、いろいろとものがわかるようになる時期、中学生ぐらいかな。それまでは食べさせさえすれば大丈夫」

人は生涯成長し続けます。乳幼児期の子どもや親が人生の中でどのような時期なのか？ 子どもの成長と同時に親の成長も考える視点が必要です。

マズローの欲求の階層（マズロー 1954）は、すべての人間が満足を得ようとするには5つの欲求があるとしています。

子どもにはこの時期にどんな支援が必要なのだろうか、

第3章 CRC親子プログラムにおけるアプローチ

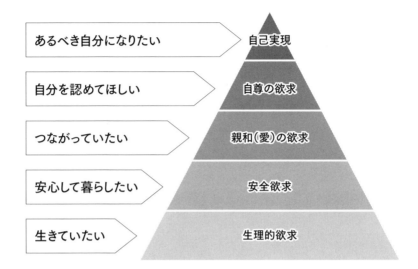

マズローの欲求段階説

を考える時は、生理的欲求への支援から順番に考えていきます。子どもが生理的欲求の次に、安心感を求め、人とつながっていたいということはアタッチメント要求と重なります。

　また、親子への必要な支援を考える時に、前述のシュタイナーの成長発達のフェーズ表（p90）が役に立ちます。この表は、シュタイナーが人の成長発達は7年ごとにあるとして、それぞれの時期で人がどのように成長し、何が必要かを示したものです。シュタイナーは人の成長発達を大きく、「受け取る」「受け取る＆与える」「与える」の3つに分けています。樋原はそれを楽器の演奏に例え、楽器作りの時期、練習の時期、そして演奏の時期と表わされ、イメージしやすくしています（樋原 2009）。

　プログラムで出会う〇歳の親は、今のこの成長発達のプ

ロセスのどこにいるのだろうかと考えます。人生のある時期の大切なテーマに取り組むことが欠落していて、今はそれをやり直す時期なのかもしれない、などと推測することができます。最初の「善」の部分をしっかり生きていない場合は、まず、子どもと同様に、親もこの世は善いと思えることが出発になります。

　N先生が語る親、もっとしっかりやってほしいと思う母はまだ20歳になったばかりです。前述の表（p90）を参照すると、人生においてまだ"受け取る時期"であり、"真実の大人との出会い"が必要な時期です。そのような時期には、母にとって支援者が大人のモデルとなるよう、親との出会いを意識しなければいけません。

　また、Oさんの1歳の子どもはまさに、この世が善と思えるか否かが決まる時期だと考え、だからこそ、ただ、食べものを与えればよいのではなく、子どもに寄り添うことの意味を、親と共有していきます。

　親は今どの時期なのか、また、支援者である自分は今どの時期なのかを考える時、この表が非常に大きな指標になるはずです。

　プログラムで出会う多くの子どもたちは、乳幼児です。7歳までの7年間の成長発達のテーマは善です。子どもたちがこの世界を善いものと思えるために、大人が環境を整えていく必要があります。

　小学生、中学生であっても乳幼児期に善のテーマをもってしっかりと育まれなかったのなら、支援者が今整えるべきは、この世を善（安心できる世界）と思える環境なのです。

成長発達を見る

　成長発達のフェーズ表は、親への理解だけでなく、支援者自身が今どの時代にいるのか？　それぞれどんな時期を生きてきたのか？を見る時に役に立ちます。そしてそれが今にどうつながっているのかを自分なりに考えていきます。他者の人生に耳を傾ける前に、自分自身の人生についても見ていくことが大切です。子どもとしての自分を振り返ったり、自らのリソース（力や可能性）を見つける体験をすることが、他者の体験に近づいていくことを可能にします。

2. 過去のリソースを発掘する

現在に出会う	①目の前の「生」を尊重する ②親子の体験を共有する ③成長発達の視点で今をみる
過去の探索	①リソース（力や可能性）を探す ②自分の子ども時代からの学び
未来への橋渡し	子どもの未来、自分の未来

　過去をなかったものにはできません。過去を過去として必要な時に取り出して見ることができると、自身の回復につながります。そして、厳しい過去にも、その時を生き抜き、これからを生き抜くことを可能にする何か、つまりリソース（力や可能性）があったと考え、それを共に発掘し、見つけることが過去への探索です。それを行うことは、アタッチメントの箇所でも触れたように、親自らの安心の基地があって初めてできるのです。

　"過去の親や子ども"への視点は次の2つです。

---

① **リソース（力や可能性）を探す**
　➡人との関わりの場面を思い出す
② **自分の子ども時代からの学び**
　➡親から引き継ぎたいもの、引き継ぎたくないものに気づく

---

① リソース(力や可能性)を探す

> **プログラムでの親のことば**
> Aさん 「親の思い出はないけど、おばあちゃんが自分にスイカの真ん中を食べさせてくれたこと、うれしかった」
> Bさん 「自分は施設で生活していて、親はなかなか面会に来てくれなかった。でも、1回、運動会の時、お弁当を作って見に来てくれた。自分の好きなたこさんウインナーが入っていた。一緒にお弁当を食べた」
> Cさん 「父が宿題を一緒にやってくれた。怒らずマルを付けてくれた」

　リソースという言葉は、一般的には人的資源等として知られていますが、"本人の内なる力や可能性"とも考えられます。

　親の過去のリソース(力や可能性)を発掘する前にまず、子ども時代を知り、共感します。そのために親自身の出生体重や名前のエピソードに始まり、入学前から学校生活などさまざまなことを語ってもらい、親の子ども時代を知っていきます。学校でのひどいいじめや差別について語る親もいます。大変だったこと、つらかったことなど、その時の親の気持ちに近づこうとします。聴いていくうちに、子どもだった親がそこでうずくまっている情景が目に浮かぶようになります。どのように当時を語るか、この世の中をどのように感じているのかに心を傾けて、親が語る様子を感じます。

例えば、次のような問いに対し、親は以下のように話します。

● **生まれた頃のこと・名前の由来**
「名前は、好きだった歌手の名前から付けた、と父にいつも聞かされていた」
「自分が赤ちゃんのとき、どんな赤ちゃんだったかなんて、誰もなにも教えてくれたことがありません。写真もないし……。どこで生まれたかなんて知らないです」
「かわいい赤ちゃんだったと母は言っていました。友だちにも自慢したって……」

● **小さい頃、好きだった遊び**
「保育園から帰って、一人でよく絵を描いていた。父母とも忙しくて……。一人で絵を描いていたら怒られなかった。絵を描くとなにかしら落ち着いた」
「今はあまり運動しませんが、低学年の頃はドッチボールが大好きでした」

● **小学校のときのうれしかったこと・悲しかったこと**
「夏休みに車で海に行ったこと。早朝『これから行くで～』と父に起こされて、車の中でわくわくしていた」
「昆虫が好きで、いっぱいとったこと」
「休み時間がとても嫌い。他の皆は集まって遊んだりしてたけど、自分はどこに入っていいのかわからなくて。この頃からいじめがひどくなって、学校に行くのが嫌だった」
「突然、親に施設に連れていかれて、『しばらくしたら迎えに来る』と言われた。けど、来てもらえなかった。玄関で迎えにきてくれるのを待っていた」

このように、大変だったことだけでなく、子どもの時の楽しかったこと、うれしかったことも聴いていきます。「小さい時のことなど覚えていません」「何にもありません」などと言う人もありますが、小さな出来事や体験を注意深く聴いていくと、前述のように少しずつ話が始まります。Ａさん、Ｂさん、Ｃさんのようにそれぞれの場面が浮かびあがってきます。目の前のＡさんが子どもになり、美味しそうにスイカをほおばっているシーンが見えるようです。それは一人きりでなく、人と共にいた体験です。そんな場面を具体的に聴くことにより、その時に横にいた、"いっしょに""見守って""大事にしてくれた"大切な人の存在をも、親たちに想起させてくれます。

　今、人とのつながりが希薄である親であっても、想起できた誰かに尊重された瞬間、人と共にいた瞬間があること、それが親にとってのリソース（力や可能性）なのです。そのようなリソース（力や可能性）を想起することで、「では自身の子どもは、自分にどのような存在でいることを望んでいるのか？」に思いを馳せるようになります。

鉱脈を掘り当てる

　リソースという言葉には、「鉱脈を掘り当てる」という意味もあります。プログラムの前半など、親子とつながる回路がまだなく、表面的な言葉のやりとりや深まらない感覚に焦ることがあります。親が子どもや自分自身を傷つけてしまう苦しい状況、そこに至るまでの経過、それらの厚い壁が私たちと親子の間に立ちはだかります。鉱脈を掘り当てるというのは厚い壁に小さな穴を開けていく感覚にも似ています。壁の向こうのその人の本質、本来持っている

力に出会うために掘っていく作業がいるのです。そうして、掘っていく中で、本人の生命が生き生きとしていた瞬間を見ることがあります。

こういった作業を行うことを、バイオグラフィーワークの実践者が下記のようにその意味を語っています。

「どんなバイオグラフィーにおいても**影の部分**と同様に**光の瞬間**を意識的に取り上げ、人生のこの両側面に向かう通路を見出し、否定的な暗い部分も統合し、自分のバイオグラフィーにおけるその意味を認識することが重要」（ミヒャエラ・グレッグラー）

② 自分の子ども時代からの学び

プログラムでの親のことば

Dさん 「親がすぐに帰ってくると言ったけど、何時になっても帰ってこなかった。テレビが砂の嵐になってもじっと待っていた。妹が自分にひっついて寝ていた」

Eさん 「何かあるたび叩かれた。保育園のとき、おねしょをしたけど言えなかった。そしたら嘘をついたと今度は布団叩きで叩かれた。痛くて……」

Fさん 「母が厳しくて、なんでも『自分でやり！』と言われた。それでいろいろできるようになった。母がご飯を作るのを見ていて、作れるようになった。母は一人で私たちを育ててくれた。仕方なかったと思います。私もなんでもできるようになったし」

プログラムでは「自分の子どもを育てるときには、自分の育てられ方が影響します。それはいいことも悪いことも

です。どんなものを自分が引き継いでいるのか、また自分がどうだったかを知っておくことが、自分の子どもを育てる時に役立ちます」と親に話し、自分の養育者について、語ってもらいます。その時には、以下のようなことを尋ねます。

- 親の子育てでよかったこと、真似したいこと
- 親の子育てでよくなかったこと、真似をしたくないこと
- 子どもから見てどんな子育てだったか？

　前述のＤさんもＥさんもまさに、今自分の子どもに同じことをしています。そして、自分がされたときの感情を思い出します。
　Ｆさんは自分の母を尊敬しています。そして、母が厳しくしてくれたおかげで今の自分があると信じています。子どもにも同じように厳しくしなければと思っていたそうです。しかし、当時、友だちが親に甘えているのを見て、うらやましく感じた気持ちを思い出します。「自分も甘えたかった」とも語り始めます。

Doing ではなく、まず Being
　自分の親の子育てを子どもの視点になって、見つめなおします。それを行うには、とても勇気が必要です。しかし、一人で行うのではなく、共に聴き、一緒に見て、その感情を共に感じる人がいます。親を慰めたり、励ましたりせず、その時の体験に思いを馳せます。しかし、深刻な話を聞くとつい避けたくなり、「大丈夫、気にしないでいいよ」「多

くの人もそう感じてるわ」と応じたくなります。しかし、他者のバイオグラフィーを聴く中で、そのように応じることはよい結果を生まないばかりか、その人の力を奪うことになりかねないと感じています。「ただ、そこに居る、いっしょに居る」ことしかできないのです。

　このように、親のバイオグラフィーを聴くことは、まさにBeingです。Beingに耐えられずDoingになったとたん、相手が離れていくという失敗もたびたびします。一緒に居るには覚悟が必要です。「そんな、あなたのお父さんひどい！」と言うのは、共感にはなりません。

　話を聴く中で、その人の存在を愛おしく思う瞬間があります。それは言葉にしなくても相手に伝わるのだと思います。

　なお、虐待をしてしまった親は過酷な過去やトラウマを抱えていて、支援者はその過去を安易に扱うことをしてはいけません。しかし、親の過去、これまでに思いを馳せ、尊重することからしか支援は始まりません。生育歴、事実の聞き取りではなく、バイオグラフィーワークの支柱である成長のフェーズの視点から親の話に関心を向け、耳を傾けることは可能です。決して無理に聴き出すものではないのです。出会っている親の子ども時代を想像することで、今ある親の姿が理解しやすくなります。時にあまりに過酷な内容に、聞きたくないように思う時もあります。そんな時には、どんな話が出てきても受けとめる覚悟が必要になります。

　親が、たとえ厳しい過去でも、これまで生き抜いた中で助けてくれた誰かや何かの存在があること、そして自らの生き抜いてきた力を確認することが、自己信頼となり、子

どもを育てる上にも影響すると確信しています。

　バイオグラフィーワークの中では、無理をしないで言えることだけ言うこと、プロセスを信頼し判断を保留にすること、大きな話でなくささやかな話でよいことなどの約束があります。親との対話においてもこれを参考にしています。

3. 未来への希望を共に持つ

現在に出会う	①目の前の「生」を尊重する ②親子の体験を共有する ③成長発達の視点で今をみる
過去の探索	①リソース（力や可能性）を探す ②自分の子ども時代からの学び
未来への橋渡し	子どもの未来、自分の未来

　親は、過去をスタッフと一緒に見て、振り返り、他者の存在を見つけます。そして、その他者との関わりがあって、今の自分が存在することを知ります。誰もが全く一人で生きてきたわけではないのです。また、親子での体験もスタッフは共有します。それらの協働作業を経て、親は子どもの未来と自分の未来を見ていきます。

> **子どもの未来、自分の未来**
> ➡自分がどうありたいのか。そして、子どもに何ができるのか

　１年後の子どもは〇歳でどんな様子か？　自分はどうなっているか？　未来に向かう自分には今、どんなリソースがあるか？
　親の好きなものや頼れる人を確認していきます。子どもと自分、そしてそれを語る誰かが存在する未来を考えるのです。

子どもの未来、自分の未来

> **フォローアップの集いの会での親のことば**
>
> Gさん 「いつか子どもを連れていっしょに参加したい。今回参加できてよかった。次もあるの？ その頃にはA子も私も一緒に行けるかな。大きくなったA子をスタッフに会わせたい。でも次、半年後だったらまだ無理。だから、来年、その次の年と続けてこの会をずっとやってほしい」

「はじめに」でも述べたように、年に2回夏と冬には、プログラムに参加した親子を対象にフォローアップの集いの会（ほっと・いっぷくの会）を開催しています。親だけ参加したり、親子で訪れたりとさまざまです。

Gさんは施設に3歳の子どもを預けています。Gさん自身も施設で育ち、頼れる親族はいません。Gさんからは、自分と子どもを知っている人とつながっていたいこと、未来の子どもと自分の姿を見てほしいことが伝わってきました。半年後は無理かもしれないけれど、1年後にはそれを叶えたいという母の現実的な希望が感じられます。

対話する人として

対話は、互いの理解を深め合います。そのような対話を行うためには、まず、親の語りを聴く証人としてそこにいる必要があります。答えをあてがうのではなく、共に探求していくのです。バイオグラフィーワークの視点による支援は「対話」による支援でもあります。

また、プログラムでは、毎回冒頭に行うアイスブレーク

の場面でも対話をします。「好きな食べ物」「行ってみたいところ」「ほっとする時間」「最近腹が立ったこと」「マイピンチ」など、親や当日の内容を意識して、話題を準備します。多くの絵葉書を前に、「今日の心象」「子どもの時の自分を思い出す」などに近い絵葉書を選んで、話すこともあります。

　何気ないようにみえる話題ですが、実は深い話に発展することがあります。好きだった食べものには小さい時の思い出がつながっていて、そしてそれが今の子どもとの関わりに影響しているとわかったこともあります。

　アイスブレークではスタッフも自身のことを真剣に話します。そして、親もそれに耳を傾けます。お互いを聴きあう時間です。親とスタッフという前に、互いに同じ子ども時代があり、今悩みを抱え持ち生きている人間として、体験を共にしている感覚です。

　対話＝DIALOGUEは、ギリシャ語の意味（真実）：LOGOS、 流れる：DIAに由来していて、人々の間を通って意味（真実）が流れていくという意味があります（対話を通じて、 関係の中に新しい意味の流れが生まれ、そこから新たな 理解が生まれていく）。

4 家族支援のソーシャルワーク
個（本人）と環境（社会）に働きかける

　カナダで家族再統合支援をしているあるNPOを訪れた時に非常に感銘を受けたのは、「Family development worker」というスタッフのネーミングです。「初めからよい家族はありません。家族は変容していくものなのです」とスタッフは語ってくれました。家族の成長発達を支援するワーカーという職域を超えた共通のネーミングのもと、ソーシャルワーカーも心理士もケアワーカーも互いに自分の背景を生かしながら、親子の成長発達を目指して支援していました。

　CRC親子プログラムは治療プログラムではなく、心理教育プログラムに分類されます。プログラムで行っているのは、心理治療ではなく、家族の成長発達に関する問題解決への支援です。問題解決への支援を行う過程は、ソーシャルワークと言えます。これは、児童相談所ではもちろんのこと、子どもや親に関わる施設やさまざまな相談機関で行われています。ソーシャルワークは、心理・社会的問題を持つ人を援助する一つの技法です。

　では、そもそもソーシャルワークとはどんなものなのでしょうか。国際ソーシャルワーカー（IFSW）連盟の定義によると、「ソーシャルワーク専門職は、人間の福利（ウエルビーング）の増進を目指して、社会の変革を進め、人

間関係における問題解決を図り、人びとのエンパワーメントと解放を促していく。ソーシャルワークは、人間の行動と社会システムに関する理論を利用して、人びとがその環境と相互に影響し合う接点に介入する。人権と社会正義の原理は、ソーシャルワークの拠り所とする基盤である」(URL:http://www.jacsw.or.jp/) とあります。

個 (本人)	①本人のいるところに近づく ②本人を問題解決の主体とみる
環境 (社会)	本人と関わる環境に働きかける

　ソーシャルワークは本人が問題を解決していくために、本人と環境のあいだにより良い適応をもたらすべく、知識と技術を用いながら、個人の能力や知識の資源を動員する技術（art）であるとも言われています。人が持っている潜在的な能力を引き出し、環境を活用します。親子への支援の場合は、本人は子どもであり、親でもあります。

　ソーシャルワークは、支援者（ソーシャルワーカー）と本人との援助関係を活用して行うのですが、この援助関係そのものが支援の中核です。バイステックはそれをソーシャルワークというプロセスそのものに流れを作る水路であると指摘し、援助関係は"魂（soul）"だと表現しています。ソーシャルワーカーは問題解決に有効な道具を持っているわけでありません。使えるのは自分自身だけです。自分自身を使う時に、これまで紹介したアタッチメントやバイオグラフィーの視点が知識となって親子を理解するこ

とを助け、さまざまな面接技法は技術となって、支援を親子に届きやすくします。イメージは以下のようなものです。

関与しながら支援する

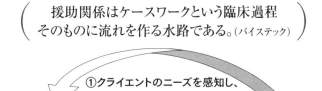

虐待対応と援助関係

　実際の虐待対応において、子どもの安全に関する高いリスクがあり、緊急を有する場合は、ケースマネージメントが最優先となるため、このような援助関係はとても悠長で、非現実的であるかのように思われます。子どもの最善の利益を守るために児童相談所などでは強権的な介入が必要となることが多く、毅然とした態度での対応が優先します。そんな場面では親との援助関係を作って……などと言っている余裕はありません。迅速で客観的な判断（アセスメント）に基づく対応が期待されます。これは子ども支援に関わるすべての専門職において同様です。子どもを守るために、まず徹底的に現実的な対応をしなくてはなりません。

現実と理想と

　バイステックは、ソーシャルワーカーは現実主義者であるとともに、理想主義者であることが求められていると言っています。ソーシャルワーカーは、現実主義者としてクライエントが持っている厳しい現実、時には嫌悪の情を持つような醜い現実から目をそらさず見つめ理解し、一方では、自分がかけがえのない人間であるという信念を失ったクライエントの尊厳と価値を具体的に発見し、認識するような理想主義者としても期待されているのです。

　プログラムで支援を続けていると、虐待や不適切養育という現実をしっかり見据え、しかし、その先の親、子の人生の希望を共に見出すアプローチに、自分の存在を活用していくことが、ソーシャルワークなのだと感じます。理想を掲げなければ、それを胸に抱き続けなければ、厳しい現実にはとても対応できません。

　ただ、親子の成長発達は行きつ戻りつです。プログラムを提供しても、即、改善、解決というものではありません。親子や支援者が望むゴールには遠い結果になることもあります。しかし、それは無駄なことではありません。私たちが意識を向けるべきは体験です。プログラムに通って、子どもとの交流時間を重ねた体験は残ります。その体験は、今は直接結果に結びつかなくても、子どもや親の未来に想起される可能性があります。それが時にリソースとなると感じています。

① 本人のいるところに近づく

> **プログラムでの親のことばや子どもの様子**
>
> Aさん 「病院を受診したら、それを理由にきっと自分は病気だ、つまり子どもを育てるのにはダメな親だと評価されてしまう……。だから受診はしません」
>
> Bさん 「泣かれるのは仕方ないけど、泣かれる回数を減らすために私が○○も△△も持ってきたらよかった。準備が甘かった」
>
> Cちゃん 4歳のCちゃんは、ある日プログラムで作った音の鳴るおもちゃは持って帰らず、ここに置いて帰ると言います。ところが別の日に書いた絵は持って帰りたがります。

プログラムでじっくりと親の話に耳を傾けていくと、親から見えている世界が、自分が想像するものと異なるのに度々唖然とします。

Aさんは子どもを保護される以前から不眠が続き、食事もとれないような状態でした。しかし、児童福祉司から受診を勧められても「今のところ大丈夫です」と答えます。そうすると児童相談所の評価は、"病院にもなかなか受診に行けない親"となります。ところがAさんは、「受診したら病気とレッテルが張られて、自分は親として×（バツ）となり、子どもが帰ってこない、自分の未来はおしまいだ。本当はつらくて、しんどくて、受診がしたい」と思っていると語ります。

Bさんはプログラムの交流時間が終わった後、今日は子どもに泣かれてしまってと下を向きます。そういう場面に出会うと子どもに泣かれることへの親の心象が気になり、泣かれた時の気持ちを推し量ったり、尋ねたりします。ところが、よくよく話を聞いていくと、Bさんは準備物が不十分だったから子どもが泣くことが増えたと考え、準備物の不足を嘆いていました。そしてそれは、子どもに泣かれたくないことが理由ではなく、なるべく泣かさないことが親のつとめと自身の親にきつく言われていたからとわかります。

　Cちゃんは、プログラムで親と一緒に作ったマラカスをとても楽しそうに振って遊びます。親もスタッフも必ずや持って帰りたがるだろうと思ったのですが、ここに置いて帰ると言います。ところが、別の日、親と一緒に描いた絵は、描いている途中から持って帰ると何度も主張します。Cちゃんには、このプログラムはどのようなものとして感じ取られているのでしょうか。そもそも親はもちろん、周りの大人はどのように見えているのでしょうか。

　子どもたちは、大人のように語るわけでありませんが、子どもの行動や発言に本人の見えている世界の片鱗を感じます。

　親や子どもの行動にはすべてに意味があります。そして、その意味は支援者が推測している意味と異なっていることも多いようです。スタッフ間で「本人に聞いてみないとわからない」という言葉がたびたび交わされています。その行動の意味するところは？と"本人のいるところ"からの風景を見ることがまず援助関係のスタートです。

　日常のさまざまな支援でも同様ではないでしょうか。事

実の裏には本人なりの思わぬ理由があると考えられます。

「援助の取り組みの主体を本人自身におくためには、本人のいるところから始めなければならない」（岩間 2014）

本人からはどんな風景が見えるのだろう。本人はどんな価値観を持ち、どんな恐れや不安を持ち、ここまでどのような人生を歩んできたのか、何が好きで、何が苦手なのか。ソーシャルワークの最初のステップである、本人のいるところに近づくために、これまでに紹介したアタッチメントやバイオグラフィーワークの視点から、本人の内的作業モデルや過去のリソースや課題を見出そうとします。

バイステックの7原則

バイステックは時代を超えて、今も対人援助（ソーシャルワーク）の原則を教えてくれます。しかし、虐待対応においてはこのような受容的ソーシャルワークに依拠するだけでは限界があるばかりか、有害な結果を招く場合があると指摘されます。確かにクライエントの希望や自己決定を待つことはできません。まず、リスクアセスメントありきです。しかし、その後の問題解決への長期的な支援では、本人と支援者との援助関係が中核となります。

親を一人の個人として尊重することや受容的態度は、親の虐待行為を容認するのではなく、本人がどんな状態かという"本人のいるところ"を理解することにつながります。このような関係の中で、親の本当のニーズを理解し、支援者が安心の基地となり、親が問題解決に向かうプロセスを支えます。決して簡単ではありませんが、この関係性の構築のために支援者がすべきことを教えてくれるのがバイステックの7原則です。

	親・子どものニーズ	注意すること
1. 個別化（クライエントを個人として捉える）	一人の個人として迎えられたい	・よくあるケースとしていないか？ ・これまでの人生に思いを馳せているか？
2. 意図的な感情表出（クライエントの感情表出を大切にする）	感情を表現し解放したい	・マイナスの感情が表出されることを遠ざけていないか？
3. 統制された情緒的関与（援助者は自分の感情を自覚して吟味する）	共感的な反応を得たい	・自分の中に起こる気持ちに気づいているか？ それを意識して親や子どもと出会っているか？
4. 受容（受けとめる）	価値ある人間として受けとめられたい	・本人を理解しようとしているのか？ ・表面的な承認をしていないか？
5. 非審判的態度（クライエントを一方的に非難しない）	一方的に非難されたくない	・裁いていないか？ ・評価していないか？
6. クライエントの自己決定（クライエントの自己決定を促し尊重する）	問題解決を自分で選択し、決定したい	・こちらの方法を押し付けていないか？ ・本人の力を奪っていないか？
7. 秘密の保持（秘密を保持して信頼関係を醸成する）	自分の秘密をきちんと守りたい	・情報を扱うことに十分な配慮をしているか？

バイステックの7原則の表をもとに改編（宮口）

② 本人を問題解決の主体とみる

> **プログラムでの親のことば**
>
> Dさん 「プログラムは来たくて来てるわけではないけど、別に嫌でもない。勧められたから……。勧められたものはやっておいたほうが無難だし。まあ、決めるのは児童相談所。私はどっちでもいい。早く子どもの引き取りができればそれでいいんです」

岩間（2014）は「本人をめぐる課題や問題が本人の生活

において生起する限り、その本人の人生の中でしか解決できません。対人援助とは、本人の人生という文脈の中で援助を提供するものであり、本人の側にある資源を本人が活用することであり、与えられる援助は意味を持たない」と言い、また、「単に自分で決めてもらうことや決めたことを大事にするということではなく、本人が決めるプロセスを支える」と自己決定の原則を説明しています。

　このように支援者が支えながら、本人が最善のゴールを見つけることに意味があるのです。

　Dさんは、プログラムに遅刻も欠席もなく通っています。しかし、参加動機は、ただ勧められたからと言い切ります。また、子どもについては早く引き取りができればいいとは言いますが、そのことも漠然とした、あたかも決まり文句のような感じで、聞きこんでも具体性や自身の考えは出てきません。何より大切な自分自身のゴールのイメージがないのです。支援者が作成した支援目標は、本人が考えるゴールではありません。本人が、本当はどんな希望を持っていて、将来どうなっていたいのか。このゴールを共に探す作業を手伝い、本人がそのゴールを具体的にイメージできるようなプロセスを"援助関係"を活用しながら共にたどるのです。

　プログラムでも、かなりの親子が、最初にゴールが定まっているわけではなく、後半になってやっと親子の行く道が見えてくるといった状態です。その時、親は、子どもや自分に必要な、そして現実的なゴールを描くようになります。

本人と関わる環境に働きかける

関係者やプログラムでの親のことば

A先生（施設職員）「プログラムも終盤ですね。こちらの面会でのお母さんは、相変わらずです。
　Bちゃんへの関わりは一方的な感じです。ただ、私には前とは違い、笑って挨拶したり、話しかけてくることが頻繁です」

C児童福祉司　「プログラムでは丁寧にしてもらえるけど、その後はなかなか……きっとプログラムと同じような丁寧な支援は難しいと思います」

Dさん　「妻も一緒に参加してもいいですか。妻もプログラムの内容を知りたいと私に言ってきます」

　本人の変化を支えるためには、本人と本人を取り巻く環境の相互作用が機能するように働きかけなければなりません。親子には家族、知人、施設職員、児童福祉司、保育士、教員、保健師、医師などさまざまな人が関わっています。プログラムで支援しているのは親子です。しかし、支援のプロセスで、本人の変容を支える環境へのアプローチを意識しなければなりません。親子の変化を支える支援者と、よりよい関係性を創りだすという視点です。

　A先生の話から、プログラムによる親の変化が芳しくないことに少し落胆していることがわかります。一方、A先生は親や子を細やかに観察し、親もA先生を頼りにして、安心して定期的な面会ができています。親が、頻度も時間も一定しない面会を繰り返していた頃と比較すると実は大

きな変化です。A先生とは、一緒にその変化を確認し、意味づけていきます。

　C児童福祉司は、プログラムは特別な支援であり、修了後は自分では、立場の相違や繁忙さからプログラムと同じようにはできず、支援が不充分になるのではとの危惧を語ります。しかしながら、活用したプログラムを通して見えたことや感じたことを次の支援に生かそうと、親との面接の在り方を再考しています。

　「親の背景をより深く知って、親を理解しようとすると、その後の面接で、親と一緒に支援の方向性を考えられるようになった」という児童福祉司からのフィードバックを得ることがあります。親の了解を得て、児童福祉司や施設職員に、支援に活用してもらえるよう、親子の理解に役立つエピソードなどを伝えています。

　なお、プログラムの後半では、親と児童福祉司や施設職員がよりつながっていくよう働きかけます。本人の希望（ゴール）を引き継いでいくようなイメージです。そこで、プログラムの最終回は、プログラムの修了と同時に新たな出発でもあると認識し、必ず児童福祉司に立ち会いを求めています。

　Dさんのように家族や親族がプログラムに参加したいと言われることがあります。本人にとって、その人がどのような意味を持つ人なのかを吟味して、参加場面を検討します。親のサポーターとして存在する人を意識しながら支援します。

　そして、将来的には、親子と親子をとりまく家族や支援者が集まり、話し合うような形に発展できないかということも視野に入れたい事柄です。

なお、ここではプログラムにおけるソーシャルワークについて書きましたが、児童相談所や施設などの支援者のソーシャルワークから考えると、CRC親子プログラムも環境の一部として活用されていることになります。

　ところで、「虐待等の親子に関する問題解決に向けては、どこか専門的なところにやってもらわないと自分たちではできない」という趣旨のことをよく耳にします。はてさて、その専門的なところはどこだろうと非常に疑問に感じます。日常の支援の中で、支援者一人ひとりが、問題解決に向けて、自分を活用して、個と環境に働きかけることを意識して、自分なりのソーシャルワークを行う。そんな支援が日常的になされること、この小さな一歩は大きな一歩になるに違いありません。子どもの成長発達を支援するために、家族の成長発達を支援するという視点、つまり、養育者として親が子どもの安心の基地の役割を果たせるよう親を支援する、これが支援者間での共通の目標にできればと願います。

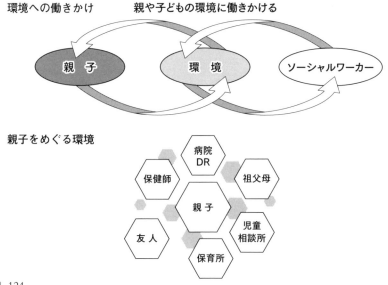

5 支援する自分をみつめる
支援者に安心の基地を

① 難しい親、難しい子ども、難しい他の支援者、そして自分

　自分を見つめると言われても毎日忙しすぎて、なかなか自分にかまっていることができません。とにかく、支援者は動き続けています。「えーっ!?」と思う予測不能なことは日々起こり、対応することで精一杯にもなります。周りも絶えずそのような状況なので、止まることに罪悪感を感じる支援者もいるかもしれません。

　そのような中、支援していてもなかなか進展がなく、「この先もこの人はきっと変わらない」と希望が持てないことがあります。子どもは幼児にしては顔つきも鋭く、どこか人を寄せつけません。親は何回会っても積み重なっていく感じがしません。「難しい……」と唸ってしまう。また、この親子に関わる機関間で、対応の共有も簡単ではありません。親子に出会っていく自分の心も曇っていきます。

　このような経験は、誰にもあるのではないでしょうか。

なぜ、自己覚知か

　親子を支援する前に、まず自分の状態を知ることが大切だと考えています。親子を支える自分は今どんな状態か、親や子どもの感情調整をする前に自分の感情をどう扱って

いるのか。自分の感情が扱えなければ、相手の感情を扱うことはできません。自分自身の今の感情とその感情がなぜ生じるかを見ていくことは、大変な毎日の中で決して楽なことではありません。しかし、これを行うことで安全に親子に出会い、必要な支援ができると考えます。

特に困難を抱える人には、種々の感情が触発されて、相手の状態をそのまま見ることができず、さまざまな自身の価値観やものの見方、例えばフィルターのようなものを通しての理解になります。自分にはどのようなフィルターがあるのか。フィルターの状態を知ることも必要です。

② 自分を見つめる

> ありのままの自分でいましょう
> そして自分の道を捜し求めなさい
> 子どもを知ろうとする前に
> まず自分自身について知るようにつとめなさい
>
> （コルチャック）

「ソーシャルワークを行う際には自分自身を活用して……」と言われます。特別な道具などはなく、使える自分自身を高めていくしかありません。そのために、自分がどんな状態か、自分の鏡で自分を見ていくことがスタートです。アタッチメントやバイオグラフィーワークの視点は自分を見つめる上でも役立ちます。

以下のようなプロセスで、今の自分を見つめることを行います。

（ア）自分の感情・言動に気づく

　親子に出会うと、さまざまな感情が生まれます。それが親子にも少なからず影響を及ぼしています。

　なかなかうまくいかないと思う時、何かざわざわした感覚があったり、しっくりこない、落ち着かない気持ちになることは誰にもあることでしょう。また、なんとなく苦手な人、場面に出くわすことも時々あります。そういう時が自分の感情に気づくチャンスです。過剰に反応したり、逆に反応を少なくしたり、無意識に自分がいつも行ってしまうことに目を向けるようにします。以下に起こり得る感情や言動をあげます。

- 子どもを叱る親を見ると固まる
- 感情的になる親に会う時、緊張する
- 子どもの前で自分の話ばかりする親に、いらいらする
- 子どもが泣くとなんとか泣きやませたい
- 親の前で豹変する子どもを見て、ドキンとする
- 相手のしんどそうな状況を軽減するのに必死になる
- 反応が乏しい子どもや親には、必要とされていないと感じる
- 親や子どもが笑顔だとホッとする
- 具体的な支援ができないことに焦り、何か少しでも提供したい
- 他の支援者から期待される支援をして、結果を示したい
- 他の支援者の対応にいらいらする

（イ）感情・行動について内省する

　自分の中で何か違和感があった時、いったん自分の感情や行動を外に取り出してみます。そして、次のように自分の感情や行動をとらえてみます。

- 自分はこういう時、いつも～をする
- 今日、ざわざわした感じがあったのは～な時だった
- 焦って自分自身のペースで話を進めてしまった

　このようにして、親や子どもとの間でいろいろ感じた感情を思い出し、他のスタッフに聴いてもらったり、書きとめます。スタッフ間で、自分がどう感じたかを話し合います。どう感じたかを安心して話すことができると、自分自身の感情について、少し離れて見えるようになります。

【例】　Aさんと話す時に、Aさんが不安になるかもしれないと考え、すぐに「大丈夫」と言ってしまい、Aさんが考える機会を奪ってしまう自分がいる。不安な様子や不快に感じている様子に早くなんとかしたいと思っている。

（ウ）自分の感情・行動を意識する

　次に、実際に親子と会っている場面で、自分の行動や感情を意識して観察します。自分の状態に自覚的になると、「あっ、またこれをやっている」とセルフトーク（心の中の言葉）が生まれ、自分の状態が冷静にわかるようになります。

(エ) 自分と相手の相互作用に気づく

その上で、自分の行動の変化と相手との関係を観察してみます。うまくいった場合もそうでない場合も"難しい"と思う相手と自分の状態を落ち着いて見られるようになります。

【例】 Aさんと会っている場面で、Aさんの不安な様子を見て、またなんとかしたいと思う自分に気づく→それを自覚した上で、話す→Aさんの気持ちを一緒に味わう→Aさんが自ら話し出す。

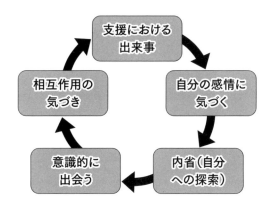

自分自身の体験を実感して相手を知る

自分自身の過去や家族について思い出したり、語ることがどのような体験となるのか、また、自分は過去からどのような影響を受け、どんな内的作業モデルを有しているのか。支援者自身がそれらを実感することは、親や子どもへの理解のために大切です。

以下は自分自身に対して行うワークです。

> バイオグラフィーを作成する
> ・自分の誕生のこと
> ・好きだった遊び
> ・親からどんな影響を受けたのか
> ・幼児期・子ども時代・思春期　楽しかったこと、つらかったこと
>
> 自分のリソースを知る（好きなこと、得意なこと）
> 自分の苦手を知る
> 安心できる誰かと定期的に話す機会を持つ
> 　（苦手だった親子のこと、うまくいかないこと、うまくいっていることなど）
> 難しい親や子どもに感じる自分の気持ちを書き残しておく

自分のタイプを知る

　また、自分のタイプを知っておくと、自分の不足しがちな面を意識することができます。

　例えば、以下のような相反する特性のどちらに偏りがちなのかを意識します。

- 冷静さ　と　温かさ
- 受けとめ　と　働きかけ
- 親が気になりがち　と　子どもが気になりがち

③ 自分の外を見る

　自分の状態が落ち着いていると、相手の言動や状態がより客観的にみられるようになります。自分の鏡を磨いたら、相手が見えるようになるといった感覚です。自分の価値観での判断や反感をいったん横に置き、相手のそのままを見

ていきます。そんな時には相手が現れてきて、近くなるように感じます。自分を整えると、問題解決に向けて働きかけ、動くことができるようになるのです。

④ 安心の基地を持つ

　支援者が安心の基地を持っていることが、親の安心にも子どもの安心にもつながっていきます。支援者自身の容量（コップ）が一杯になってしまった時には、それを受け取ってもらう誰かの存在が必要です。そうやって自分の容量をあけておくと、他者の様子が見え、声が聴こえるようになります。日々、寄り添い、寄り添われる体験をすることで、親子に寄り添えるようになるのです。
　「子どもには安心感が必要です。親はそれに応えるためにも、安心感が必要です。支援者も同じです。親子に安心感を与えるために、支援者も安心感が必要です。迷いや困難の多い対人援助職だからこそ、支え合える関係を大切にしたい」（北川 2015）

　ある母子生活施設の施設長が「職員自身も職場で尊重されているという感覚が大切です。職員自身が尊重されていると感じると、入所者の方々を尊重できるだろうと考えるからです。それは入所しておられるお母さんたちも一緒ではないでしょうか。自身が尊重されてこそ、他者を尊重できると思います」と言われました。大変共感できることばです。親子を支えられるように、スタッフ同士が互いに尊重しあえる関係を大切にしたいと考えます。
　ただ、このテーマを書きながら、児童福祉現場の厳しさを感じます。業務量の多さ、人員配置の薄さ、財政基盤の

脆弱さ等の課題が山積です。個人の課題の前に、まず現場環境の課題を社会的課題としてとらえ、その解決が先ではないかとも思います。

　現実と理想のはざまで、何ができるのか。

　社会的課題の解決への道も意識しつつ、目の前の一人と真実（ほんとう）の出会いをすることを地道に続けたいと考えています。

変えられるものを変える勇気を、
変えられないものを受け入れる落ち着きを、
そして、その両者を見分ける知恵を
（ニーバーの祈り）

第4章
プログラムを終えて

① **プログラムの効果**

　家族再統合プログラムには、「入所していた子どもが、家庭に引き取られる。そして、親が二度と虐待をしないこと」が効果として期待されます。

　プログラム実施直後の効果については、自記式のCRC子育てアンケートを実施し、因子分析を行い、親子関係尺度を作成し、プログラム前後で検証しています。その結果、①子どもへの関心、②親としての自信、③他者への肯定的心象において、有意な差が見られ、その効果を確認しています。また、プログラムを活用した多くの児童福祉司や施設の職員がプログラムをまた活用したいと終了時のアンケートに回答しています。

　しかし、実際にその後プログラムがその親子にどう生かされたのか、親子の現状はどうなったのか、という点においての効果検証は非常に難しい課題として残っています。

　プログラムに参加した後、その年の年度末で家庭に引き取られる子どももいれば、次年度末に引き取られる子どももいます。もちろん、施設入所が継続している子どももいます。また、プログラムの途中で子どもが家庭に帰っていく場合もあります。

　なお、年度によってばらつきはありますが、参加者の20％前後の親子は、プログラムの開始時に家庭で一緒に生活しています。

　最初に述べた通り、親子関係は親子ごとに異なります。そして、異なる親子関係の再構築のゴールは、親子一組ずつ違います。例えば、プログラムに参加し始めた頃には、

なんとしても早く子どもを家庭に引き取り、育てたいと強く希望していた親が、プログラムに参加していくうち、今の自分の状態では、家庭で子どもを養育するのは適切ではないと感じ、子どもの施設入所の継続を希望することもあります。

　大阪府の児童相談所が、平成26年度当初、平成19年度〜平成25年度までプログラムに参加した親子のその後を調べ、その時点では、参加した子どものうち約30％の子どもが家庭引き取りになっていることがわかりました。また、その時までに虐待の再発による再度の施設入所や里親委託になった子どもは、極めて少数と聞いています。これらの実績をプログラムの効果としてどのようにとらえるかには、さまざまな意見や評価があると思います。

　第1章でも述べているように、プログラムでは、必ずしもすべての親子が一緒に暮らすことをゴールにしていません。子どもが自分を肯定して生きられるよう、親が子どもにとって安心な存在でいられるような親子関係の再構築を目指しています。その結果、定期的によりよい面会を継続するようになった親もいれば、よりよい時期に子どもを家庭に引き取った親もいると考えています。残念ながら親がなんらかの事情で、面会すらできなくなった場合もあります。

　何度か述べているように、プログラムに参加した親に年に2回の集いの場を提供しています。そこに参加してくれた親の話や親子の様子、不参加連絡のハガキを通じ、親子のその後の生活を知ります。そこに通ったり、連絡してくれることを私たちはプログラムの成果と感じ、これからも

継続したいと考えています。

② 終了時のアンケートから

1．参加した親の声

自分のこと
- 子どもと一緒に過ごす時間を持つことや自分をふり返ることで、子どもとの距離が縮んだ。
- 受ける前の自分を客観的に見られるようになった。
- 悪循環の中からは一人では抜け出せない。聞いてくれる人、わかってくれる人がいるだけで違う。
- 一人でないと思えて、子どもに会いに来ることができた。

子どもとのこと
- 子どもと一緒に過ごし、子どもにとって親がどういう存在でいたらよいかアドバイスをもらえたことがよかった。
- 子どもの見方が変わった。見守ることができるようになってきた。
- 子どもとの特別な時間を持てた。
- 子どもとどう接していいのかわかるようになった。
- 面会に行き、子どもの手に触れ、"温かい"としみじみ感じ、この子も生きてるんだなと思った。まだまだ子ども自体を受け入れたくない気持ちも多くあるが、少しだけ子どもに近づけたように思う。

子どもの変化
- （子どもから）「お母さん」と走ってきてくれる。

- 子どもが嬉しそうにこっちに来るようになった。
- 子どもの笑顔が見れ、(中略)自分が近寄っても泣かなくなった。
- (子どもが)積極的に話しかけてくれるようになった。

2. 活用した担当児童福祉司の声

親子理解の深まり

- 親の特性がよりわかって、今後のアプローチに役立った。
- 親子に対して理解が深められた。今後の面会等の設定へのヒントをもらった。
- 親子それぞれの特徴が知れた。
- 今後の親子の関わり方を具体的に検討できた。
- 周りの支援があれば、この親子のつながりが深められると思った。
- 父の変化（子どもへの対応の変化）を実感した。
- 子どものことがよくわかった。親子でいる時にどんな状態なのか。

親と児童福祉司との関係の変化

- 児童相談所との関係では支援的な関わりが難しい保護者もプログラムは受け入れやすい。
- プログラムが間に入ることで、「児童福祉司と親が対峙した」関係から「児童福祉司が親に伴走する」関係に変化したように感じる。
- 児童福祉司と親との信頼関係が深まった。

親の変化
- ●親が子どもとの関わりの中で不安なことを吐露できるようになった。

3. 協力した施設職員の声
子どもにとっての意味
- ●子どもにとって「親」という存在を知らせることができ、少しずつ関係も築けていけるように感じた。
- ●子ども自身も親の存在を理解できるようになった。
- ●親が子どもへの接し方、関わり方を学び、子どもの気持ちを理解することができたようだ。
- ●親の関わり方に余裕が出てくるようになった。

親子への支援について
- ●親の特性について理解を深めることで、親に対する接し方も改善でき、変わろうと努力している親を見守ることができた。
- ●親を深く知る機会になり、入所児の親とのつながり方や今後の援助のあり方を学んだ。
- ●親の強みが理解できた。

参考文献・参考資料

□アタッチメント関連
数井みゆき（2005）「親世代におけるアタッチメント」数井みゆき・遠藤利彦編『アタッチメント――生涯にわたる絆』ミネルヴァ書房
数井みゆき（2007）「子ども虐待とアタッチメント」数井みゆき・遠藤利彦編『アタッチメントと臨床領域』ミネルヴァ書房
中尾達馬・工藤晋平（2007）「アタッチメント理論を応用した治療・介入」数井みゆき・遠藤利彦編『アタッチメントと臨床領域』ミネルヴァ書房
森田展彰（2007）「児童福祉ケアの子どもが持つアタッチメントの問題に対する援助」数井みゆき・遠藤利彦編『アタッチメントと臨床領域』ミネルヴァ書房
北川恵（2007）「親子関係支援におけるアタッチメント理論と実践の橋渡し――欧米での歩みの概観と日本での保健機関における親グループの考察」『京大心理臨床シリーズ5　心理療法における個と集団』創元社
北川恵（2008）「アタッチメントと分離、喪失」『子どもの虐待とネグレクト』10巻3号、日本子ども虐待防止学会
数井みゆき（2012）「アタッチメント理論の概要」数井みゆき編『アタッチメントの実践と応用――医療・福祉・教育・司法現場からの報告』誠信書房
北川恵（2012）「養育者支援　サークル・オブ・セキュリティプログラムの実践」数井みゆき編『アタッチメントの実践と応用――医療・福祉・教育・司法現場からの報告』誠信書房
ダビッド・オッペンハイム、ドグラス・F・ゴールドスミス／数井みゆき他訳（2011）『アタッチメントを応用した養育者と子どもの臨床』ミネルヴァ書房
バートパウエル他（2011）「サークル・オブ・セキュリティという取り組み」ダビッド・オッペンハイム／数井みゆき他訳『アタッチメントを応用した養育者と子どもの臨床』ミネルヴァ書房
カール・ハインツ・ブリッシュ／数井みゆき他訳（2008）『アタッチメント障害とその治療』誠信書房
北川恵（2015）「アタッチメントに基づく親子関係支援：サークル・オブ・セキュリティ・プログラム――在宅での治療①」青木豊編『乳幼児虐待のアセスメントと支援』岩崎学術出版社
北川恵（2014）「安心感が大前提」『ちゃいるど・りそーす通信』22号
北川恵・安藤智子・松浦ひろみ他（2013）「安心感の輪」子育てプログラム認定講師用DVDマニュアル日本語版
数井みゆき（2014、2015）アタッチメント研修会大阪資料　CRC主催
サークル・オブ・セキュリティ・ホームページ　URL　http://circleofsecurity.net/
Bowlby, J (1969./1982) Attachment and loss.Vol. Attachment New York: Basic Books.
Bowlby, J (1988) A secure base. New York: Basic Books.

Hoffman et al. (2006) Changing toddler's and preschoolers' attachment classifications. The circle of security intervention.　Journal of Consulting and Clinical Psychology.

□バイオグラフィー関連
グードルン・ブルクハルト（2006）『バイオグラフィーワーク入門』水声社
樋原裕子（2009）「子どもを知る、私を知る」『おうちでできるシュタイナーの子育て』クレヨンハウス
瀧口文子・藤井智恵美（2010）「ナイチンゲール思想とアントロポゾフィー看護──その類似点を中心として」共立女子短期大学看護学科紀要、第５号
工藤弥生（2015）「人と人を繋ぐ共感の意義──バイオグラフィーワークの可能性を探る」山梨大学大学院教育人間科学専攻修士論文
近見冨美子　バイオグラフィーワークとは　　URL　http://www.biographywork.jp
近見冨美子（2013）「ワークショップ実践に向けて」『プロフェッショナル・バイオグラフィーワーク記念誌』第１号
大村祐子（2003）『昨日に聞けば明日が見える』ほんの木
Abraham Maslow, (1954) Motivation and Personality NY: Harper

□ソーシャルワーク関連
Ｆ・Ｐ・バイステック／尾崎新・福田俊子・原田和幸訳（2006）『ケースワークの原則──援助関係を形成する技法』誠信書房
岩間伸之（2014）『支援困難事例と向き合う』中央法規出版
岩間伸之（2008）『支援困難事例へのアプローチ』メディカルレビュー社
岩間伸之（2008）『対人援助のための相談面接技術』中央法規出版
才村純（2005）『児童虐待ソーシャルワーク』有斐閣
酒井佐枝子（2005）「カナダの子育て支援および子ども虐待予防・再発防止への対策」厚生労働科学研究
宮口智恵（2006）「虐待する親への支援プログラムの有効性に関する研究」神戸大学大学院総合人間科学研究科修士論文
公益社団法人　日本社会福祉士会　URL　http://www.jacsw.or.jp/

□その他
才村眞理（2015）「ライフストーリーワーク実施のためのトレーニング」才村眞理＆大阪ライフストーリー研究会発行（平成26年度科学研究費補助金）
リチャード・ローズ、テリーフィルポット／才村眞理監訳（2012）『わたしの物語──トラウマを受けた子どものライフストーリーワーク』福村出版
ヤヌシュ・コルチャック著、サンドラ・ジョウゼブ編著／津崎哲雄訳（2001）『コルチャック先生のいのちの言葉』明石書店
あべまさい（2015）『子育てコーチングの教科書』ディスカバー出版

おわりに

　お忙しい中、この本を手に取っていただいたことに、改めて心より感謝いたします。
　子どもや家族を支援されたり、関心を持って見ておられる方がこの本を手に取ってくださったのだと思います。

　これまで、「プログラムでは、どんなことを、どのように行っているのですか？」と尋ねられるたびに、なかなかうまく伝えられない歯がゆさを感じてきました。そして、今、こうしてまとめたものを読んでいただいても、やはり「このようなことは自分たちもしている」と、感じられた方が多いのではないかと想像しています。
　実は、プログラムでは、目を見開くような斬新な技法や特別なノウハウを活用しているわけではありません。そして、立場が異なるだけで、施設でも、相談機関でも、地域でもその支援においてみなさんが大切にされていることと、私たちが大切にしたいことは、実は同じではないかとも考えるのです。

　「支え、働きかけ、つなげる……」
　目の前の親子に、それぞれの人がそれぞれの場所で、行っていくことが、親子に灯台を作っていくことになると思っています。
　そして、それが一つずつ実践されることで、昨日よりも、子どもたちの未来は明るくなると信じます。

どうか、一緒に親子の灯台を作っていきましょう。

子どもたちが「生まれてきてよかった」と思える、そんな社会になることを願って……。

皆様のご意見、実践をぜひお聞かせください。

この本を出版するにあたって、多くの方にお世話になりました。

明石書店の森本直樹社長は、私たち小さな団体の企画に熱心に耳を傾けてくださり、本にすることを実現してくださいました。

数井みゆき先生、北川恵先生には、アタッチメント理論の内容についてご指導、ご助言をいただきました。先生方との出会いのおかげでアタッチメント理論を土台にしながら、自らを見つめ、親子に出会っていく意味を学び続けていくことができます。

近見冨美子さんにはバイオグラフィーワークの視点についての助言をいただき、また人の人生に出会う対話（ダイアログ）の意味を教えていただきました。

高市香緒里さんは、「よい本を作りましょう」と何度も原稿の校正をしてくれました。

安部昌伊さんは「この活動を知りたい人がいる」と出版することを励まし続けてくれました。

大内道子さんが描いてくれるイラストはCRCのメッセージそのものです。

この本は宮口と河合が書いておりますが、その内容は親

おわりに

子、プログラムスタッフ、児童相談所や施設の職員の方々、皆さんと共に学び、体験したことです。

　この活動を始めるきっかけになった子どもや親たち、さまざまな形でご支援をいただく多くの方のおかげでCRCは存在しています。

改めて、皆さまに感謝いたします。

2015年10月

宮口智恵
河合克子

プログラムの修了時に親へ渡すメッセージ

> あなたは子どもにとっての灯台です。
> 子どもに働きかけ
> 子どもを受けとめ
> 子どもと喜びや悲しみを共にし
> 子どもの道しるべとなり
> そして、
> いつでも子どもが帰れる安全基地なのです。

著者紹介

宮口 智恵（みやぐち・ともえ）
特定非営利活動法人チャイルド・リソース・センター（CRC）代表理事。社会福祉士。京都女子大学教育学部卒。神戸大学大学院総合人間科学研究科前期博士課程修了。大阪府児童相談所（現、大阪府子ども家庭センター）等で児童福祉司として18年間勤務の後、2007年に（特）チャイルド・リソース・センターを設立、CRC親子プログラムの開発と提供を行う。また保育士等の子ども家族支援の実務者向けの研修講師も行っている。主な著書に「関係性における暴力──その理解と回復への手立て」（共著、岩崎学術出版社）など。

河合 克子（かわい・かつこ）
特定非営利活動法人チャイルド・リソース・センター（CRC）理事（マネージャー）。社会福祉士。大阪市立大学生活科学部社会福祉学科卒。卒業後、大阪府中央児童相談所（現、大阪府中央子ども家庭センター）で児童福祉司として5年勤務。その後、大阪府内の相談機関、要保護児童対策地域協議会での業務などを経て、2010年より（特）チャイルド・リソース・センターでCRC親子プログラムの提供に携わる。また保健師や保育士、教職員などの実務者向けの研修講師及びSVを行っている。

イラスト：大内道子（おおうち・みちこ）
特定非営利活動法人チャイルド・リソース・センター（CRC）　プログラムスタッフ

(特) チャイルド・リソース・センター（CRC）
〒553-0003　大阪市福島区福島8-10-14-201
TEL & FAX：06-6451-1278　E-MAIL：childrc@nifty.com
URL：http://childrc.kids.coocan.jp/

虐待する親への支援と家族再統合
—— 親と子の成長発達を促す「CRC親子プログラム ふぁり」の実践

2015年11月24日　初版第1刷発行
2020年 6 月 5 日　初版第2刷発行

著　者　　宮　口　智　恵
　　　　　河　合　克　子
発行者　　大　江　道　雅
発行所　　株式会社　明石書店
　　〒101-0021 東京都千代田区外神田6-9-5
　　　　　　　　電　話　03 (5818) 1171
　　　　　　　　Ｆ Ａ Ｘ　03 (5818) 1174
　　　　　　　　振　替　00100-7-24505
　　　　　　　　http://www.akashi.co.jp/

　　　　　装幀　明石書店デザイン室
　　　　　印刷・製本　モリモト印刷株式会社

(定価はカバーに表示してあります)　　　ISBN978-4-7503-4267-2

|JCOPY| 〈出版者著作権管理機構　委託出版物〉
本書の無断複製は著作権法上での例外を除き禁じられています。複製される場合は、そのつど事前に、出版者著作権管理機構 (電話 03-5244-5088、FAX 03-5244-5089、e-mail: info@jcopy.or.jp) の許諾を得てください。

実践に活かせる専門性が身につく!

やさしくわかる社会的養護シリーズ【全7巻】

編集代表 相澤 仁（大分大学）

A5判／並製／各巻2400円

- 社会的養護全般について学べる総括的な養成・研修テキスト。
- 「里親等養育指針・施設運営指針」「社会的養護関係施設第三者評価基準」（平成24年3月）、「社会的養護の課題と将来像」（平成23年7月）の内容に準拠。
- 現場で役立つ臨床的視点を取り入れた具体的な実践論を中心に解説。
- 執筆陣は、わが国の児童福祉研究者の総力をあげるとともに、第一線で活躍する現場職員が多数参加。

1 子どもの養育・支援の原理——社会的養護総論
柏女霊峰（淑徳大学）・澁谷昌史（関東学院大学）編

2 子どもの権利擁護と里親家庭・施設づくり
松原康雄（明治学院大学）編

3 子どもの発達・アセスメントと養育・支援プラン
犬塚峰子（大正大学）編

4 生活の中の養育・支援の実際
奥山眞紀子（国立成育医療研究センター）編

5 家族支援と子育て支援——ファミリーソーシャルワークの方法と実践
宮島 清（日本社会事業大学専門職大学院）編

6 児童相談所・関係機関や地域との連携・協働
川﨑二三彦（子どもの虹情報研修センター）編

7 施設における子どもの非行臨床——児童自立支援事業概論
野田正人（立命館大学）編

〈価格は本体価格です〉

イラスト版 子どもの認知行動療法

《6～12歳の子ども対象 セルフヘルプ用ガイドブック》

子どもによく見られる問題をテーマとして、子どもが自分の状態をどのように受け止めればよいのか、ユーモアあふれるたとえを用いて、子どもの目線で語っています。問題への対処方法も、世界的に注目を集める認知行動療法に基づき、親しみやすいイラストと文章でわかりやすく紹介。絵本のように楽しく読み進めながら、すぐに実行に移せる実践的技法が満載のシリーズです。保護者、教師、セラピスト、必読の書。

① だいじょうぶ自分でできる **心配の追いはらい方ワークブック**
② だいじょうぶ自分でできる **怒りの消火法ワークブック**
③ だいじょうぶ自分でできる **こだわり頭[強迫性障害]のほぐし方ワークブック**
④ だいじょうぶ自分でできる **後ろ向きな考えの飛びこえ方ワークブック**
⑤ だいじょうぶ自分でできる **眠れない夜とさよならする方法ワークブック**
⑥ だいじょうぶ自分でできる **悪いくせのカギのはずし方ワークブック**
⑦ だいじょうぶ自分でできる **嫉妬の操縦法ワークブック**
⑧ だいじょうぶ自分でできる **失敗の乗りこえ方ワークブック**
⑨ だいじょうぶ自分でできる **はずかしい![社交不安]から抜け出す方法ワークブック**
⑩ だいじょうぶ自分でできる **親と離れて飛び立つ方法ワークブック**

著：①～⑥ ドーン・ヒューブナー　⑦～⑨ ジャクリーン・B・トーナー、クレア・A・B・フリーランド
　　⑩ クリステン・ラベリー、シルビア・シュナイダー
絵：①～⑥ ボニー・マシューズ　⑦ デヴィッド・トンプソン　⑧～⑩ ジャネット・マクドネル
訳：上田勢子　　　　　　　　　　　　　　　　　　　B5判変型　◎1500円

〈価格は本体価格です〉

NGから学ぶ 本気の伝え方
あなたも子どものやる気を引き出せる!
宮口幸治、田中繁富著
◎1400円

教室の困っている発達障害をもつ子どもの理解と認知的アプローチ
非行少年の支援から学ぶ学校支援
宮口幸治著
◎1800円

教室の「困っている子ども」を支える7つの手がかり
この子はどこでつまずいているのか?
宮口幸治、松浦直己著
◎1300円

性の問題行動をもつ子どものためのワークブック
発達障害・知的障害のある児童・青年の理解と支援
宮口幸治、川上ちひろ著
◎2000円

3000万語の格差
赤ちゃんの脳をつくる、親と保育者の話しかけ
ダナ・サスキンド著 掛札逸美訳 高山静子解説
◎1800円

社会情動的スキル 学びに向かう力
経済協力開発機構(OECD)編著
ベネッセ教育総合研究所企画・制作 無藤隆・秋田喜代美監訳
◎3600円

アタッチメント
子ども虐待・トラウマ・対象喪失・社会的養護をめぐって
庄司順一、奥山眞紀子、久保田まり編著
◎2800円

発達とレジリエンス
暮らしに宿る魔法の力
アン・マステン著 上山眞知子、J・F・モリス訳
◎3600円

子ども虐待対応における保護者との協働関係の構築
家族と支援者へのインタビューから学ぶ実践モデル
鈴木浩之著
◎4600円

子ども虐待対応におけるサインズ・オブ・セーフティ・アプローチ実践ガイド
子どもの安全(セーフティ)を家族とつくる道すじ
菱川愛、渡邉直、鈴木浩之編著
◎2800円

市区町村子ども家庭相談の挑戦
子ども虐待対応と地域ネットワークの構築
川松亮編著
◎2800円

児童虐待対応と「子どもの意見表明権」
一時保護所での子どもの人権を保障する取り組み
小野善郎、薬師寺真編著
◎2500円

イギリスの子ども虐待防止とセーフガーディング
学校と福祉・医療のワーキングトゥギャザー
岡本正子、中山あおい、二井仁美、椎名篤子編著
◎2500円

子育て困難家庭のための多職種協働ガイド
地域での専門職連携教育(IPE)の進め方
ジュリー・テイラー、ジュン・ソウバーン編 西郷泰之訳
◎2800円

ワークで学ぶ 子ども家庭支援の包括的アセスメント
要保護・要支援・社会的養護児童の適切な支援のために
増沢高著
◎2400円

子どもの虐待防止・法的実務マニュアル【第6版】
日本弁護士連合会子どもの権利委員会編
◎3000円

〈価格は本体価格です〉